Jennifer 與
她們家的貓貓狗狗

孫晨甄 著
三秋 繪

小
狗
狗

在家中閒適的樣子

小狗狗在巷口，
看起來頗開心

小狗狗在滷味攤
（也是原來紅豆餅攤位前）

凱麗

凱麗是體型不大的黑色米克斯

個性膽小、黏人

咖啡

咖啡狗腿，笑容滿分

是一隻人見人愛的短腿四眼狗

happy

2007/05/05

橡皮筋束頸，

讓 happy 總是護食。

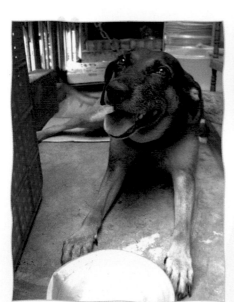

總是悄悄的看有沒有食物？

非常有活力

小黃

小黃是後巷乖巧的流浪黃狗。

孫媽媽帶沒家的阿狗散步，旁邊為小黃

咪咪

愛吃玉米的咪咪

脾氣也是很差的

在五樓高的陽台
曬太陽

poly

從小照顧的 Poly，就像小孩一樣

愛吃愛睡毫無憂愁

小米

小米的外表是可愛的

只是個性真的好差

小奇

小奇是天使貓

跟 Poly 是最要好的朋友

阿鳴

阿鳴自帶的高貴氣質

溫順、可愛也不吵人

苗貓狗狗
大集合

棒棒的照片是使用相機拍攝，畫質有些模糊

怕的是記憶中的模糊

咖啡與小狗狗

小黃、happy 與孫媽媽

小奇看著螢幕裡的黑貓

強媽剛救援小奇的時候

剛出生的 Poly

Poly 總在趕報告的時候這樣躺

咖啡真的好上相

梨山上帶回的小狼

推薦序 1

力晨動物醫院院長　郭力瑋

　　Jennifer 是力晨動物醫院重要成員，負責不專業排解
住院看診犬貓緊張、害怕的情緒。照顧貓狗多年，培養出
微量可以跟犬貓溝通的基礎能力。這本書是家中貓貓狗狗
的故事，未來，期待她能為動物醫院看診小民眾也寫一本
屬於他們的故事。

推薦序 2

米克斯驚喜包之偷家八寶粥　奇奇媽媽

　　認識 Jennifer 是這 2 年的事情，因為家中狗狗「奇奇」長了很惡性的腫瘤，跑了幾家醫院，只有郭醫師願意為他試試，開始治療計畫之後我們並肩作戰，奇蹟似的延長一年多生活時光。頻繁就診常常遇見在候診區到處關心小狗的 Jennifer，我們一見如故的聊天，聊著狗事總是能聊個沒完。之後，在醫院粉專上讀到 Jennifer 寫的貓貓狗狗故事，我說「可以出書了啦！」，沒想到她是真的要出書，而且已經寫完了！

　　讀完了書，終於發現為何有一見如故的熟悉感，因為我們都是動物家人陪伴長大的，對於流浪在外的孩子也都有無法抵抗的憐憫之心，慢慢的讀完 Jennifer 與她的貓貓狗狗，除了感受到動物家人陪伴的歡笑、淚水、傷心、感動，也想起陪我長大的小黃、麥可、喬登、偷肉……有點模糊卻又熟悉不過的記憶，

　　突然能理解為什麼她要把故事寫下來，因為實在對自己的腦袋沒把握，深怕與動物家人的美好回憶越來越模

糊……

　　喜歡貓貓狗狗的朋友，讀完這本書會覺得心裡暖暖的，慶幸那幾年的小貓小狗遇見了孫媽媽，還有孫媽媽女兒們這支強而有力的支援部隊，也期許自己在遇見受難動物時，可以於能力範圍內伸出援手，生命的改變也許就在一念之間。

自序

　　上帝給每個人不同的才能，在這個課業前瞻的台灣社會，也許家長常提問的是：這個孩子數學不好、國字不識幾個，英文要去哪裡補？既可以會說又會考？

　　其實每一個人都有一個小亮點，用上帝的眼光看你就能找到，因那都是奇妙的創造。人生會發生什麼不全能預期，但我很感謝，收到一份喜愛文字的禮物，我喜歡使用文字，分享溫度跟畫面；喜歡音樂，音樂帶給人全然不同的情緒與氛圍；也喜歡畫畫，因為隨著一筆一觸，漸漸勾勒出想表達的對話；還喜歡閱讀、芭蕾舞、美食、跟小動物相處……

　　我心存感謝，有好多好多興趣，家庭無條件支持我。照顧一家動物診所、一個人類的家庭，多麼不易，甚至要犧牲好多屬於自己的時間，因為那是當下必須。所以當我有一絲時間，我使盡全身力氣，跳舞、學提琴、繼續學鋼琴、開始我一直停滯的寫作、畫我最愛畫的動物……

　　努力的學、用一點點微薄的能力幫助社會。因為練琴，手痛了兩三年，一直與傷共存，有一個很難懂的亞斯人類小孩，常讓我情緒非常高張。我知道每個人都有功課，很

不容易，但幸好我有信仰，幸好我有很多喜愛的事，讓我覺得人生辛酸與喜樂可以共存。

　　許多人一定也努力的在跨過某些難走的關卡，如果有機會，希望我的分享有一絲絲感動。我喜歡動物，因為他們的靈魂純淨、天性討人喜愛，跟他們相處是快樂的，願有更多的動物被領養，得到好的照護。對了，我希望明年能再出一本書。

目 錄

第一章：小狗狗

　　小狗狗的名字就是小狗狗，沒什麼特別以及特殊意義。

　　二十年前，住家附近有不少流浪狗，大大小小黑的黃的什麼都有，小狗狗平淡無奇的在這個時期出生，不算好看的淺土黃以及半趴著的耳朵，我對於她其他兄弟姊妹沒印象，甚至不太記得他的「生母」長的如何？她從小跟著一隻大型黑色流浪犬「大黑」流浪，大黑的體型近似拉不拉多，（電影《再見了，可魯》在當時還未上映）。他走在路上像獅子一樣威風的緩步前行，很少跑步。小狗狗把他當爸爸或是地方老大？過馬路跟著、吃東西也跟著。就這樣，小狗狗一天天長大，學會了自己過馬路與抬腳尿尿。

　　在這之前，家前面的馬路因為道路徵收，房屋得全部重蓋，蓋好了，帶著舊家的貓咪小白入住新家，動物換環境要先關籠內一陣子適應，有次外婆開了門沒關緊不慎給跑了出去，找了幾天後終於看見倒在路上的他，埋葬了小白，從此開始了一連串養狗生涯。

　　後巷子住著一位獨居阿姨——阿雲，阿姨在巷口賣檳榔跟紅豆餅（這兩樣產品不太搭，但真的一同賣喔！）她

還算喜歡狗，有時會將殘羹剩飯餵給流浪狗吃，一久身旁也開始多了幾隻跟班。每天收攤回家，狗狗們也都會去她家等吃晚餐，小狗狗也不例外。找到了「家」，她的生活就以這裡為中心，過著自己愜意愉快的狗生，在阿雲身邊跟前跟後。做生意時，她常常大棘棘的睡在一旁人行步道，看見有人牽狗就追著用狼嚎的聲音又吠又追，非常得意。

某一天，媽媽用緩慢帶點急促的語調跟我說：「阿雲說狗太多了，她下午用摩托車把小狗狗載去放生了！」

她繼續叨唸：「就不要餵就好了，怎麼給人家抓去丟掉？」

聽著不語心裡也不舒服，沒有小狗狗的日子對我們並沒有太大影響，但無依靠的她，離開自己熟悉的地方應該驚惶失措。

過了幾天，媽媽雀躍的說：「小狗狗自己跑回來了內！」（台南口音要加一個內）。「真的假的，不是聽說還載的挺遠的？」聽起來是堅持要有家的一隻狗！

暫時，阿雲沒有要再遺棄她的意思，小狗狗按照以往仍跟前跟後，偶爾遇到我媽也會來狗腿一下討些好料。

她的生活算忙碌的，除了要跟著阿雲外，還得一大清早穿過車流量大的馬路到對向公園，在那兒的早市等賣肉的叔叔伯伯們，據說清早六點報到，大概是怕晚了沒有新鮮肉末可吃。她在那小小的早市混的不錯，這是多年後我

們在公園溜狗時得知，有些歐吉桑歐巴桑騎車經過公園大喊：「小黃小黃」或是「小環小環」這是小狗狗跑江湖的藝名；夜間的公園，偶而有這般熱情的呼喊聲飄散在此。

起初，小狗狗還頗開心的搖尾巴，後來也不知是嫌麻煩還是怎樣，就假裝沒聽到，並特地繞了遠路快走，那些阿伯就笑說：「厚！現在有好日子過了，不用來市場撿東西吃，好命阿啦！」

清晨的叫賣聲結束，再次穿過公園回到那個熟悉的檳榔攤，閒適的躺在騎樓邊，看見陌生狗不忘狼嚎幾聲，小狗狗漸漸長大後被我們帶去結紮，而帶著小狗狗長大的大黑狗狗，聽我媽說看見留著鼻血躺在路上死了；她總會輕輕皺著眉頭：「可憐啊，沒家的就是這樣。」

一天清晨，老媽喚醒我：「阿雲聽說昨天晚上氣喘病發走了耶！現在她親戚都來了，怎麼會這麼突然？」過沒多久，家裡的「遺眷」除了一、兩隻被親戚帶走外，其他的原地流浪，而小狗狗繼續四處為家的生活。只是，失去親人的她開始把我媽當成主人，每天就跟著孫媽媽上郵局銀行、市場，或是加入我們每日溜狗的隊伍，吃的絕沒少她那一份，就像是原地野放的狗狗一般。

又是一日，我媽跑來問我：「有沒有看到小狗狗啊？」莫名其妙回答：「沒有啊，怎麼了？」「沒看見她耶！而且是昨天就沒看見了，奇怪，會跑到哪裡去？」老媽滿臉疑

惑的自問自答。

　　那幾天，她都會騎著老式蘋果綠青春樂去附近繞繞，幾天都找不到，就請朋友開車前往收容所尋找，據實況報導，那天她把收容所前後走了兩遍，怎麼都沒看到，本已想放棄，但總覺得有一隻呆滯瘦排骨黃狗跟小狗有點神似，於是她再次往那個區域走去喊著：「小狗狗，小狗狗」，孫媽媽停在前面特意叫了幾聲，排骨黃狗回魂似突然激動的搖起尾巴發出唉哼的聲音，經過指認，她趕緊通知所方，為小狗狗植入晶片帶了回「家」。

　　老媽帶回了小狗狗，比手劃腳的向我敘述她在收容所的情形（其實她的比手劃腳是慢動作的，就像她唱老歌永遠慢半拍）：「小狗狗才被抓走幾天而已，就瘦成那個樣子，表情真的很呆滯，我都認不出來了！」她繼續認真推測，認為是平常總喜歡毫無防備的睡在人行步道上，在沒有警覺下被抓走，後來眉批是：「看她以後還敢不敢這樣睡在路邊！」（這時語速有比較快一點）

　　果然，小狗狗學乖了，在外面只敢休息不敢熟睡，而且過了近十年仍一樣，自此不在外面熟睡。她就這麼趴在人行道看人來人往，偶有路人想靠近摸她，就會馬上閃離，若我扮成路人要摸她還會作勢咬人勒！

　　經過此劫的小狗狗，對於她賺得的生命更加珍惜，跟孫媽媽的腳步也更緊，連我媽穿什麼鞋子到什麼場合全都

掌控得一清二楚，舉例來說，拖鞋就是上市場、郵局、倒垃圾等，這種距離幾百公尺之內的地方一定跟上，若是我媽沒事先通知，她會固執的在地上左聞右聞，就算我叫著：「小狗狗，小狗狗，老母等下回來了，別去了！」仍固執低著頭吸灰塵，不一會兒確定好方向，加緊腳步如同上了發條，就頭也不回的飛奔而去；每次遠遠看著老媽向家裡走回，小狗狗就興高采烈、得意的像小鹿一樣踏著雀躍步伐回來，我想她那時候真的是很開心，而且覺得自己是最受寵的一位吧！

　　一到郵局或銀行門口，不論是否有人用異樣眼光看，她一定等著電動門開啟，然後泰然自若進去轉個兩圈滑趴下來吹冷氣休息，瞇著眼享受她的冷氣時光。老媽辦好了事情，隨即站起來跟著腳步後，差不多像惦起腳尖亦步亦趨的德性。

　　偷偷的說一件不能說的祕密（這不還是說了嗎？），我怕這個講了會被關耶！噓！降低音量說，2004 年的總統大選，我跟孫媽媽起了個大早到附近里辦去投票，還記得那個爭得你死我活後來在台南某醫院前發生大事的總統選舉吧！我與阿母踩著輕鬆的步伐往社區走去，小狗狗也像要去踏青似的蹬著輕快腳步跟著，那次投票踴躍，不但有駐警還得排隊呢！我倆一前一後排著隊小聲聊天，小狗則在一旁納涼，「換我了！」我說道，說完就走向用一塊小布遮

起的投票蓋章處，這時我聽到後面的孫媽媽說：「小狗狗，不可以喔！在這裡等。」精明的小狗狗知道老媽不給跟，反倒懷疑鬼祟的往前走去，「請問這是誰的狗，這裡不能進去哦！」傳來是里長的聲音吧！我快速投完票往後偷瞄了一眼：「乎！還好沒跟進來」心裡嘀咕著。後來我走到一旁去等，「這狗狗不能進去哦！」又聽到傳來更大的聲音了，這時候連排隊的人都在笑著討論，小狗不顧眾人眼光阻止，彷彿她媽要走進什麼時空隧道似的，加緊了腳步直接衝向還在布幕裡的老媽，大家傻眼之餘，蓋完了章。小狗狗趾高氣昂大跨步走出布幕外，就這樣，我們三個人在一片笑聲輿論聲中走出里辦完成了投票！

　　當小狗狗開始認定孫媽媽是主人後，便開始了她的匍匐前進計畫，這個計畫歷時了一、兩年，過程艱辛坎坷！前進計畫是什麼意思呢？古裝宮廷劇中總有丫鬟用盡心機、忍辱偷生，慢慢在宮廷裡有一席之地，最後還成了皇后（我寫這文的時候還沒有延禧宮略哦）。小狗狗認定了老媽，也決定了要在這裡住一輩子。外面多養了一隻狗後，我爸就有意見了，孫媽是個愛餵狗喵吃東西的慈祥太太，當時的鄰居都各養了一隻狗，其一為超級短毛、總是掛著兩條眼淚又愛追車的小白，另一隻是頗為憨厚、還時常跟著我過馬路護送我到下一個目的地，然後我還得再護送他回來的爆牙小黃。兩位黃白雙俠看到我媽回家，立刻黏過來討吃

討摸，老爸冷眼說：「不要養別人家的狗啦，鄰居不會感謝妳，搞不好還覺得你很多事勒！」兩隻狗狗常常是人類的滷肉便當。年事已高的他們後來相繼的失蹤，沒有人知道去了哪裡，我沒聽說過主人曾去找過他們。

　　小狗狗對於如此生態循環早就看清，於是從那次收容所驚魂記後就賴在我們家騎樓睡覺了，平時就拿厚紙板湊和著給她用，冬天到了就多加件被子，過不了幾個月，他開始於清晨我們打開門的瞬間走進屋子，若無其事。於是一樓與騎樓就都讓她免費使用，當請了一個愛叫的管理人員。那段時間，我常瞧見她緩緩的走向樓梯往二樓客廳張望，一格一格、一步一步，戰戰兢兢，她好像設定好了行事表，幾乎一天往上一格，很快的，某日我在客廳看電視時猛然瞧見一顆慌張狗頭探了進來：「小、小狗狗，妳來啦！」有點被嚇到的我對著她說。

　　自從她終於看到我們家客廳後，赫然發現其實每天出門散步中的狗伴——凱麗、棒棒跟咖啡都在樓上享福呢。於是，那顆黃色鬼祟的狗頭每天都一定出現在客廳外，左顧右盼待四下無人之際，便會慢慢的把腳放進客廳的磁磚，孫爸爸發現她的動機之後，就會：「小狗狗，下去」，一次，老爸可能走過去要趕她下樓，受到驚嚇的小狗狗作勢要咬，那次以後，老爸就更不喜歡她，常說：「她不是我們家的狗，不要讓她進來。」小狗狗懂得誰不讓她進門也不喜歡她，

若是孫爸爸在客廳，她就只敢待在樓下，每隔一段時間，就會上樓偷看確認，只要一沒看見人影就不再躡手躡腳，彷彿吐了一口氣般用很悠閒的腳步進客廳休息補眠，偶而，爸爸只是坐在廁所蹲大號兼看客廳電視，就會聽到遠處：「小狗狗，下去。」小狗一驚，抬著頭莫名其妙的想著這聲音從哪兒飄來，一邊倉皇的下樓去。有一段時間，只要沒在客廳看到「那人」影子，就會先輕著手腳走到廁所前，東瞄西瞧確認狀況，這樣鬼鬼祟祟的行徑持續了兩、三年之久。

多年前還在世的棒棒生病（愛利希體），找了離家騎車約十分鐘左右的動物醫院求診，媽媽騎車我抱著棒棒，小狗狗在巷子口看著想跟，「不可以哦，小狗狗，不能去」，媽媽用不算宏亮像是使不上力的聲音喊著，小狗狗就在巷子巴望著不敢動。摩托車才到下一個路口，隱隱約約聽見滴答滴答的聲響，一轉頭：「阿，小狗啦，媽，小狗跟來了。」

這下換老母跟棒棒轉頭，咦！狗不見了，說時遲那時快，沒見到狗影了，再到另一個路口：「媽，小狗真的跟來了啦！」阿母停下摩托車，轉頭，小狗又躲了起來，就這樣，我開始在接下來好幾個路口聽見有些騎士會說：「你看那隻狗！」人家大概會以為我們帶去放生，狗狗正追著哭吧！好不容易到了覺得還騎真久的醫院，將棒棒抱進門，小狗狗也氣喘吁吁的躺進動物醫院大廳。

醫生說：「這隻是？」

「我們家的啦，愛對路！」。

醫生繼續說：「阿，是要看什麼病啊？」揶揄的笑著她。

那次回程，得找出所有最安全的小路回去，而回到家的她也睡的特別熟。

家裡坪數小，樓層高，雷雨交加的日子，會看見小狗狗上到樓上的影子，上來後，她也很怕下樓時與剛進門的老爸撞個正著。所以會等我下樓時，才黏在我的腳邊一起下，時間一久，她上來次數越來越多。阿雲路口的位子後來開了間魯味專賣店，店址就在人行道上！吃剩的魯味或魯高湯的大骨對狗狗來說是誘惑，每天老闆做完生意，就有幾包大袋的垃圾放在巷口旁，說也奇怪，每天早上都疑似被老鼠咬破，灑出很多東西，包括滷味攤老闆他媽賣的粽子葉在內（好像在罵髒話）。

那兒有個小花台，每天也都被翻了土，後來才知小花台是被我們家長毛、短胖、四眼、嘴管上還有橡皮筋束傷痕跡的短腿咖啡給挖了土，而垃圾袋則是小狗狗的傑作，老闆看見小狗狗會趕她，我媽就會告訴老闆：「垃圾要收起來，沒有趕快丟掉就一定會有狗狗去弄破」（這樣聽起來似乎還有一點道理？）做生意時間，小狗狗直接坐在人家魯味台旁邊瞧著，也因為這樣跟老闆開始熟絡，於是三不五時的丟些豬雞鴨骨頭給她，無聊時也坐下來叫小狗狗：「妹

妹，妹妹來！」

　　從老闆以及來幫忙做生意的親戚等，閒來沒客人時，都開始會坐在那裡叫著：「妹妹，來啦！」摸摸頭順便丟些吃的，小狗狗總是低著頭裝乖，其實心裡想的是：「只要配合一點，等會兒就有好康的，這點犧牲還能忍耐。」平均一天會花上兩、三個小時在那兒當花瓶，也因為魯味攤與多年前賣紅豆餅是同一個位子，所以一有閒暇，小狗狗照常在路邊狂吠帶狗的人，反正就是機車狗追機車的道理。

　　下午時分，我騎著白色小50回家，不用催油、溜著小小下坡往家中方向騎，就會遇見她端坐在那裡看人家滷東西：「小狗，回家囉！」我順勢滑過這一聲，然後帶著淺淺笑意停好歐兜拜，哪知，小狗只是跑到看得到我的地方搖著尾巴！臉上的表情像是說：「你先回去，我在這裡吃點好料的！還有，回去別告訴咖啡跟凱麗哦！」有時，老闆還會走出來用那種：「妳們家狗好像也沒很聽妳的話，還是我的魯味好啊！」諸如此類莞爾表情。

　　常在看的那家動物醫院美容師，每天上班都會騎經過我家巷口，我帶小狗狗去看醫生時，她就說：「吳臭小到底是不是魯味攤養的啊？怎麼每次我經過她都在那裡混？」她喜歡欺負落單的狗及牽狗的人，常常因為追流浪狗被我罵的臭頭，幾年前一晚，我與媽媽帶著棒棒、凱麗、咖啡和小白（一直沒提到……）小白在現在為環保局藏金閣的

廢棄屋裡流浪超過五年。一次生病被我媽帶回來住在騎樓，一年後，因心絲蟲過世。

小狗狗與小白平常會自己在公園繞，看見狗就追，我媽都用台語說：「王哥、柳哥又去了！」那一晚，一位中年男子騎著自行車，一旁跟著一隻狼犬，自然顯露出英勇的神情英姿，他們引起了「我們」的注意，小狗狗與小白也傻愣愣的看著狼犬從我們前方慢慢越過對面馬路，越來越遠直到快消失無蹤時，她才應聲一叫，與小白一起衝向前去！就像馬被鞭了一下突然賣力奔去。我故意說：「小狗狗，快去啊，去對面啊！」兩隻裝腔作勢了幾下，知道狼犬不好惹，摸摸鼻子轉頭跑回我們身邊。

每天溜狗的我跟阿母（偶而會是姐姐！）常幻想家中有大大草坪，在自己家中就不怕颱風下雨，以前無論颱風或是天氣如何惡劣，都得要穿上雨衣帶著狗去上廁所，尿一著地，一手扶好雨帽一手牽好狗子們就快速帶回；不管明天是否有重要考試，要超早起或是今天已經非常疲憊，都還是得先解決他們如廁需求。因著小狗狗愛追亂叫的機車個性，當時還上網查了防吠狗帶，以及聲波放電器等奇怪用品。有幾次為了狗被欺負，而在公園跟歐巴桑歐吉桑吵架，我爸都會搖頭說：「就只會為了狗的事跟人家吵架，妳真的很厲害內！」後來王哥柳哥中的小白過世，沒有答腔的，小狗就收斂些了！不就是一搭一唱，有人挺比較愛

裝英雄？

有一年，小狗狗肚子腫腫，精神不佳不吃飯，騙她上車送到醫院看診，醫生摸了摸肚子再抽了個血，疑惑的抬起頭對我說：「怎麼現在才帶她來啊！她應該再幾天就會死了耶！」

「嗄！怎會？也不過這 2 天才精神不佳，是怎麼了！」我訝異的回答。

「肝腫瘤，白血球很高，先打個針包藥回去看看這 2 天了！」摸不著頭緒的帶著寫有吳臭小藥袋跟她本人回家，這餵藥頭大了，平日雖然算乖，可是手跟嘴是死穴，冬天幫她穿衣服也還要被掀牙齒，如果鬧她會作勢要咬，例如：搔腳底的癢，點蚤不到，在她耳邊一直跟她說話等等……只有對孫媽媽會收斂；而因為沒人有勇氣去扳開她的嘴，加上不吃東西無法包藥，狀況真是令人擔憂。

一日清晨在後巷，我瞧見無精打采的她接著屁股後面一攤含血的軟便，差點嚇昏！一邊沖著大便一邊偷哭，平日會追著滑坡摩托車的她也只在遠處看著我，那陣子看到她還在魯味攤等吃的，就跑過去跟老闆說：「她生病了，先不要餵她吃這個哦！」老闆莫名的點著頭，我覺得老闆一定是想：「好像是她自己來要吃的耶！」

常常看到她在巷口銀行騎樓上無精打采的發呆著，於是我跟老媽說：「這陣子盡量不要讓她出去啦，危險！」有

時我回家，在馬路口停紅綠燈時，會瞧見她用超慢的速度，以及垂頭喪氣的表情緩緩過著馬路，彷彿全世界只有她一個再沒其他人了。

一個晚上，日常帶著群狗們到公園溜躂，這時突然有一位騎著歐兜拜的歐巴桑停下來：「這是小黃厚！就是以前賣紅豆餅養的小黃厚？」

「對啊，現在我們在照顧她！而且她生病了」

阿姨說：「生病了哦？她以前很聰明，跟前跟後，會找吃的，大家都認識她，現在好命了啦，有人養了內！」阿姨隔著口罩對小狗笑，然後小黃小黃的叫著。只是小狗狗跟她不熟，精神不好所以也不想抬頭！當時我常拿相機拍拍她：「小狗狗，幫妳拍漂亮的照片，妳以後要用哪一張？」好，我知道我其實也很機車。

Megan 跟幾個義工朋友來探視生病的小狗狗，送了幾罐富力鮮的罐頭（那個名字需要馬賽克寫富×鮮嗎？）那天她突然賞臉胃口大開！之後，我就使用富×鮮包好要投的藥，而她也很配合的吃進去了。因為進食，再加上準時吃藥，小狗狗似乎好轉了些，後來我索性抱了2箱罐頭回家，再配合補血劑與靈芝膠囊，一切的狀況出乎意料的開始好轉。兩週後回診，醫師告訴我們：「狀況有穩定下來，腫瘤也消了些！」小狗狗的精神開始轉好，不再像之前躺在巷口一動不動，魯味攤又跑勤了起來，並且可以早起到

市場趕集，這狀況讓我們放心許多，醫生驚呼她的好轉，便說：「靈芝與口服藥真的有幫到她！之前也有客人給吃靈芝！」糟了，會不會 call in 問靈芝多少錢：「是葡 x 王靈芝膠囊喔！」

　　身體好些，繼續跟著孫媽媽上郵局、倒垃圾，顛著小腳步自信的走著，常聽見這樣的對話：「小狗狗，不要跟了，都去過了，不行跟。」「無論如何，堅持到底，一定要跟上腳步」那是每次小狗狗固執的神情。上個月連要燒團體還是個別的都討論過了，爸爸對小狗狗的態度有了微量轉變，比較仁慈些……聽起來還是患難中得到的一點小確幸。

　　看到小狗狗不會再狠狠的說：「小狗狗，下去」，有些時間任由她在客廳，下大雷雨，她躲進樓上，偶而跟中途貓咪打架，有時偷偷埋進貓砂屋裡撿大便，再不然跟其他狗貓一樣坐在我腳邊緊盯著我的午晚餐，當然不乏在外面追著別人家的狗鬼叫、快追到時再選擇是否要趕緊轉頭落跑？然後有時遇到那位幾年來都跟她是世仇的無聊小男孩，就慌張躲進車下或玩躲貓貓，那個她 12 年來熟悉的魯味巷口及懶懶的滑趴著，呼吸著人來人往的空氣；再來再來就是，回家下坡的路上瞇著眼搖著尾巴追著我的小 50 一起回家！

　　後記：小狗狗於 16 歲那年，又瘦又老的離世。

第二章：凱麗

　　西元 1991 年，有著涼爽感受的中秋時節，那一年，我們剛搬進這個很小五層樓高的家，當時我正預備從國中畢業。前一座屋子是租來的庭院透天，小學的姐姐撿回了一隻虎斑咪咪，第一次養貓不懂結紮，給生了幾隻超可愛的貓咪，我們看到小小生命的誕生，這些貓咪生長在動物醫療不發達的時代及不懂醫療的我們家中，他們過得很安逸，常常可以在頂樓遇到他們曬太陽享受生活。

　　咪咪的孩子中，健康存活下來的是小白、及明明是白底虎斑卻被叫小黑的貓咪。小黑長的好可愛，粉嫩的鼻子，小嘴肚是白色，有一陣子，他的肚子很大很大，醫生沒看出什麼狀況，打了一針，很快過了幾個月就當小天使去了，我們家裡幾個女生哭的很傷心，因為可愛的他沒來得及長大。剩下的小白相當黏人，他是一隻白色帶有點淺褐色的胖體型貓弟弟，喜歡我們每一個人，特別喜愛跳到我媽的油肚上睡覺，我都沒注意到底有貓以後老鼠有沒有變少？

　　近國中畢業準備搬家，我們帶著他一同去面對新的未來，才剛搬到新家 3 天，小白就失蹤了，（小提醒：動物到

新環境一定要先關籠一段時間，確定適應新環境才能在視線下慢慢放出，特別家中有年長的長輩。），找了一個多星期後，老媽跟姐姐騎摩托車在路上，就在快到家的公園馬路旁看見了躺在地上的小白，小白走了，我們埋了小白，傷心了好久。

當時台南垃圾是集中落地一起收走的方式，也是許多流浪狗喵的飽餐之處。我在客廳看電視，姐姐進門大叫著：「孫××，樓下有一隻小狗，先來弄一下。」

我眼睛一亮，精神一振：「是幻想中可愛的小白狗，有著澎澎長毛，圓圓眼睛，扁扁鼻子的狗吧！」懷著期待的心飛奔下樓，對了，就是那個紙箱了，迫不及待蹲下一翻：「嘎！是隻長嘴黑狗，是有圓眼睛啦，但短毛、而且頭比身體大，不但有點醜，背上還有一個深深的膿瘡正留著膿！」他睜著眼睛看我，我也看著他。失望的上樓：「這麼醜的狗，我又不喜歡，撿到了要怎麼辦啊！」後來大姐二姐七手八腳的幫他洗了個澡，還處理了瘡，據我姐說：「那個膿我擠了5次才乾淨耶！」每次她提起這個往事就誇張的形容著。

洗了澡放在客廳，陸續又發現這傢伙後腳不能行走：「是癱瘓啊？不會吧！」扶著兩隻後腳教他走路，阿母跟姐姐在一旁說著當天撿到狗的情形，阿母先說：「我就覺得是貓嘛！她就覺得是狗」她指著大姊。當時丟完垃圾正準備騎摩托車調頭，細細聽到微弱的嗚嗚聲，有一陀黑不拉

識的東西在垃圾堆裡動了一下，姐姐小心翼翼下了車，從垃圾堆中抓起來驚呼：「是一隻狗耶」，老媽說：「應該是貓吧」（嗯！後來貓狗養很多，絕不會再出現這種貓狗不分的事啦！）

「好可憐哦，不然先找間獸醫看一下好了。」

於是捧著一身垃圾味，看起來差不多要死掉了的小小狗，就在附近陸橋旁找了間獸醫院，醫生簡單評估：「是狗沒錯，是隻公狗，而且應該活不過 7 天，妳們帶回家放著照顧看看吧！」醫生略帶遺憾的安慰著。很快的過了傳說中的 7 天，「他」開始東倒西歪的學會走路，也用力的吠了我們，小小個子叫聲可宏亮的，對於食物相當敏感，只要拿著吃的，眼睛會直視不動，一直到後來，我還是認為他是為了吃而活下來。並且，「他」其實是個女的，因為男生就是雞雞長的比較前面嘛，可是當初醫生說是狗弟弟耶！事後我們討論出了一個可能性，推測醫生認為台灣人都比較喜歡養男生狗男生貓，怕我們轉了身又將這小女生帶去丟掉，所以編織出善意的謊言。

老媽跟我們討論起名這檔事，要叫什麼好呢！小黑？黑黑？還是什麼更優雅的名字？隔了幾日，那位神奇的阿母說：「我昨天夢見叫她凱麗耶！」適合她嗎？黑嘎嘎的一隻大頭狗叫這個名字？小凱麗的傷口一天天好起來，腳也走得很好，就是不優雅，從垃圾堆撿來，加上她常常膽小

怕事愛吃的行為，老爸只要生氣就說：「垃圾狗，從垃圾堆撿來的，沒用。」小凱麗縮到一個角落，她知道我在樓上，就夾著尾巴壓低身子慢慢走上來找我，跟我在房間混一個下午或晚上。

記得剛照顧她時，先是固定將她鏈在客廳廁所旁，訓練上廁所弄了幾週，總算要尿尿會走到廁所去，不久後，因又另收養了一隻年紀不小的狼犬，所以就一起帶去附近公園，而到公園溜達，成為他們一天中最開心的時光。

狼犬小狼是爸爸在梨山工作一年帶下來的禮物，他以前就喜歡那種英勇忠心的狗，小狼住在梨山某知名中式飯店裡，地方大，每天總是吃大鍋大鍋的剩肉（不是剩菜剩飯哦！），據梨山上的北北說道：「以前這裡有好幾隻狗，但後來狗太多，沒辦法餐廳請人來抓，用貨車全部載走了，過了一個月，狼藉一身外加瘸著腿的他一拐一拐跋涉千里的回到梨山山上來，大家看他可憐的模樣，就讓他留下來了，乖巧懂事沒什麼缺點，就是愛追貓追老鼠的。」所以，小狼鼻子是禿的，永遠也沒長出毛來。

我跟姐姐在國中畢業時的暑假，也在那裡打工了一個月，很累很累，平時常有數不清一盆一盆的梨子跟桃子，常常吃不完（真的很浪費啦！但寄送也很不方便），跟小狼玩是當時在無聊的山上還算有樂趣的事。暑假結束後的幾個月，爸爸辭掉工作回台南，手邊牽著小狼：「北北回花蓮

養老，沒辦法帶回去，我想說他在那裡也沒人照顧了，所以就帶回來！」我們如果帶狗帶貓了，要鬼鬼祟祟深怕被他發現。但他帶狗可以不用理由。

照顧小狼的責任直接交接給孫媽媽，他的乖巧是全家誇讚的，不隨便亂叫、不爆衝、偶而看到貓咪才會有點激動；平時帶出門散步，一定乖乖的跟在媽媽繫好牽繩的旁邊，若牽他的人是我們，就會頻頻轉過去找阿母，帶著小狼，其他的狗不敢隨便過來，而且陌生人走入家中未事先知會我們，就會被不發一語的走過去咬腳踝。小狼為之瘋狂的食物是豬肝，有一次我正在看電視，孫媽媽切豬肝中途有事下了樓，我一回頭：「小狼，你一隻腳壞的還能整個上半身趴到流理台哦，太強了！」，我將他抱下來，切了一些給他，真是為了豬肝賣命。

有養狗經驗的人，應該都怕帶幼犬吧！凱麗小時候很會爆衝，只要是往公園的方向，就奮不顧身想扯斷脖子賣力向前，有一次還因太用力而讓姐姐跌坐在馬路的斑馬線上，那次被修理，因為老大姐覺得那實在太沒面子了！一到公園，牽繩會放開讓她像馬一樣在草原上奔馳個 10 來圈，這中間還會離開圓心往妳身上衝，「媽呀！要衝過來了」我們得趕緊閃避，免得被一股腦兒撞倒在地。

一歲時，如同往常在公園的夜晚，牽著小狼的孫媽媽為了撿一張地上隨地亂丟的宣傳單便往人行道移動，這一

下子，凱麗以為要到對面了，居然衝出了馬路，一台急駛而來的黑色轎車煞了車卻還是應聲撞上，砰的一聲：「該該該該！」凱麗扯著喉嚨喊痛，並且跳著跑回來大喘著，車子並未停下，老媽很快的去牽了摩托車，載著姐姐跟凱麗在夜晚十點的街道上找醫院，而我先帶著小狼回家。爸爸：「怎麼只有妳回來？」

「凱麗被車子撞到了，現在帶她去找醫生」

「這下子會不會回不來了？」

小狼目睹此事，就不斷走到門口看著樓下發出嗚咽聲。我得安慰他：「凱麗應該不會有事，別擔心，等下就回來了」，可是我心想，會不會真的不回來。隔了兩個多鐘頭騎樓的門被打開了，我急忙問：「凱麗勒？」姐姐紅著眼睛說：「左腿骨折，剛手術完！」心裡的大石放下一半，小狼看見他阿母回來也開心，「還好是撞到腿部，否則以這樣的撞擊力，應該活不成了」她們轉述醫生的話。她回來那天，帶了很長一條出血的傷口跟幾隻壁蝨，醫生囑咐不能激烈運動讓傷口順利癒合，所以，溜狗時間，凱麗都得要綁在家裡，看到我們開了樓梯燈，鬼鬼祟祟帶小狼出去就會大吼大叫，典型幼犬得猴症，只要我們坐在客廳起身，他會跟著跳起來。那陣子，家裡幾乎是開著微弱的昏黃燈光，走路小聲，電視小小聲，連說話都得降低音量，免得「打擾」她；大致花了兩個月才漸漸康復！而後，凱麗的愉快公園之旅又

開始了。

　　只是那次以後我的神經比以前更緊繃，到了公園也不再打開牽繩，持續了幾個月才慢慢讓她自由行動，她自己小小收斂了些，人行道以外不再越界！從那次歷劫歸來後，爸爸對凱麗有比較好些，垃圾狗這個形容詞好像也不太聽見了。凱麗的腳打上鋼釘，有時看他跑或走，都會有那麼一點怪怪的。平時跑起來像匹小馬又快又飛，而吃起東西，這可是秋風掃落葉也不足形容。拿起塑膠袋，不管是有沒有睡到打呼，一秒飛到妳眼前落定，只要是正在吃東西，由頭至尾絕不會離開，在廚房切東西削水果的，也會等在一旁，沒耐心了就用手撥撥妳；蔬菜、水果、餅乾、麵包養樂多沒有一項放過（這在二十年後會被獸醫師罵死的吧！怎麼可以亂吃呢？嚴肅貌！）

　　當蘋果削了第一下的香味四溢，立刻滑壘到妳身邊，不安於室的踏著地板手一邊勾著提醒你，並帶著伊伊的聲音懇求！吃東西不太咀嚼，有一次滷蛋沒拿好掉下去，結果被整粒吞進去（這個被獸醫師聽到會繼續罵）。晚餐時刻，只要她盛好餐的碗一放下：「咚嚨咚瓏」幾個聲響10秒就解決，接下來，頭也沒抬的去咖啡、小狗狗跟棒棒那裡排隊；把頭就放在人家碗附近約20公分的地方，當然被掀牙齒，害得咖啡學會了把碗咬到別處之技能，而小狗狗掀完牙齒也通常跟棒棒一樣剩下一些讓凱麗洗碗去。

「蕃茄勒！我昨天買的一包大蕃茄勒？」媽媽問著：「奇怪，怎會剩下一個空袋子，誰拿去打果汁還是外婆拿去拜拜了哦？」蕃茄失蹤的疑雲僅一會兒就很快找出兇手。沒錯，就是這篇文章主題的凱麗！半夜，凱麗偷偷的把整袋沒洗過的蕃茄吃乾抹淨，袋子還原地立著。為什麼會發現，大家要不要猜看看？外婆還在世時，凱麗常常爬著幾層樓到樓上找她，80 歲的外婆也明白她的用意，只要看到凱麗溜到樓上用巴望著的眼神：「愛甲鬼擱來啊！」（台語不懂的我翻譯一下，就是愛吃鬼又來了！）這時候外婆一定拆一包我們買給她的零食餅乾分給凱麗吃，吃過幾片，外婆揮揮手：「賀啊！沒啊！」她就會到旁邊去休息或是再來找我。

　　但所謂的有缺點就一定有優點，凱麗可是家中與貓咪最能和平共處的狗狗喔！家裡買了雞排或什麼好吃的，貓咪與狗狗就會圍過來；小肉塊丟下，凱麗與貓咪共搶，其他狗會兇貓然後吃掉，我這樣說好像凱麗都不會兇貓。她還是兇，只是沒有貓咪怕她，有時搶食發生，凱麗就被幾隻結紮後還沒原放的貓，賞了好幾巴掌外加尖聲叫罵。我觀察了一陣子，有一天，發現這貓居然也習慣了凱麗的好吃，而只有用手的肉墊輕輕拍頭以示不滿，那種尖聲叫罵外加打巴掌次數減少了。甚至，我們家三花貓 Poly 也會舔舔凱麗的頭呢。

　　凱麗有一副大嗓門，老姐教她聽到門鈴要叫主人，搞的只要聽到音樂聲就扯嗓門！那個如打雷般的聲響，瓦斯筒都能傳來陣陣回音，晚上也一樣沒有轉靜音，還好住的是透天，不然早被警察按電鈴了吧！幾乎都睡我床上，「很臭啦！髒死了，不要讓她去床上」。

　　平時媽媽每天這樣警告著，但我還是偷偷讓凱麗進房間一起睡，「睡在我腳邊很好耶，可以放腳上去促進血液循環」，我這樣回答著，媽媽給我悻悻然的表情。

　　久了床就有她的狗味，只得常洗被單。後來到台北去唸書幾年，凱麗才自己很獨立的睡在阿母房門口，有時我回家，她就說：「妳看，妳沒回來她還不是在這裡睡好好的。」嗯！是也沒錯啦。回到台南，我改裝了快變倉庫的房間，第一天，凱麗就「又」上來了，阿母差點氣昏。

　　剛回台南的某一天晚上下課後，「今天凱麗吐了耶，不知道是不是吃壞東西？」姐姐說著；才剛坐下吃晚餐，過了一會兒又不尋常的吐了一次；這會兒的確覺得有異，因為吃壞東西吐出來應該會好轉，那晚她吐了好幾次，看起來有點喘，隔天，我就跟孫媽媽牽著凱麗步行到不遠的一間動物醫院。

　　「狗狗多大了？」醫生溫和的問。

　　「10 歲多，快 11 歲了」

　　「這麼大了哦，算是陪伴你們很久囉！」

醫生雖然淡淡的問候著，可總覺得有股不安的感覺。基本的檢查作了，打了針開藥後：「先止住吐，再觀察看看」

　　「萬一晚上她還是不舒服，請問你們有急診嗎？」

　　「沒有耶，而且明天星期天也沒營業，若是真的不好，那就先送到 xx 動物醫院去，那裡有 24 小時營業。」

　　那晚凱麗回到家吃了不少，但藥效過後在晚間又吐，而且身體冷冷的喘息著。這樣的她讓我決定不在那裡擔心，於是跟阿母說：「我們帶凱麗去那間 24 小時的好了。」騎著小 50，我抱著凱麗，噗噗噗了 20 分鐘到了夜半還很明亮的動物醫院。已近凌晨 12 點，加上 11 月天有些涼意，我用超大橘色毛巾包裹著凱麗，把她放在地上讓她站著，冷冷夜半時分的橘色凱麗。

　　向醫生說明症狀後，表示要先抽血檢查，於是來了一個更年輕的醫生！拿起針小心翼翼的開始扎，從她的右前腳開始，凱麗對於打針並不害怕，任由醫師探針，只是這一下並沒有抽到血，將針退出繼續小心的插著，這一下還是沒中，幾分鐘過去，右前腳反覆抽了 5 次，我耐著性子呼吸，醫生說：「不好抽，要換左手了。」看著他謹慎又緊張的表情，也理解年輕醫生需要時間，於是我眼睜睜的看著凱麗左前手被抽了 5 次，「不好意思，要換後右腿了」。臉色有點沉，有點綠，有點火，但還是一直抽不到，「這到底是會不會阿？」剩下左後腿了，再沒中我可能就要拿針

追醫生了，就在整個診療台上氣氛已經凝結到比外頭還冷時，我看見鮮紅的血趴搭爬上針管，阿母跟年輕醫師都鬆了一口氣。

醫生：「您這一個月的練習應該很夠了齁！」我真的只想在心裡，沒說出口。

還沒結束，抽完血等報告時要照 X 光，凱麗讓我很努力的在機台上撲倒很久，她非常抗拒這樣直挺挺的躺著，喀喳幾下拍了 3 張：「看起來很正常，沒有異物吞入的情況，而且異物阻塞的狀況也較常發生在幼犬年齡。」

「那所以排除是異物阻塞囉！」

「對，應該可以這麼說」

醫生拿起血液數據：「除了有些功能較差外，看起來也都沒太大的問題。」

「那麼現在怎麼辦？」

「先帶回家觀察，有問題可以帶來這裡複診，若真的還是持續吐就帶來打點滴。」

付了貴貴的費用後，回到家後果然一樣不吃繼續吐，隔日一早，只好送到同連鎖醫院的另一間分院打點滴。一大早，天還涼涼的，還沒全醒的身體抱著凱麗，跟老媽一同乘著小 50 出發往醫院去，又是 20 分鐘的車程。

說明來意後，凱麗就住院打點滴，我們告知晚上會來接回家，這裡的醫生看起來都超年輕，我拿出 X 光片請他

們看，兩位也很客氣的說：「看起來是很正常，沒什麼問題！」

　　我把症狀以及在另一間總院檢測出來的狀況再告知了一次，醫生表示沒有辦法確知病情。回到家，該完成的事完成，下班後的晚間，我與孫媽媽一同到醫院帶回凱麗。

　　「醫生，請問她今天狀況好嗎？」

　　「嗯！還是有吐呢！回去要注意保暖。」

　　連續三天，我們都作一樣的事，他們也作一樣的事，三天都出現不同的醫生，我不厭其煩的說了再說，重複了再重複，X 光片也讓他們看了再看，我想他們應該快被我煩死了吧。

　　結束三天的醫療流程，看著凱麗漸行虛弱的身影，於是再提起精神，到一家熟識的醫院「問」診，醫生聽了我的敘述，建議將凱麗帶過來，於是，我請姐姐的朋友開車將她接出。照樣，我把數據以及 X 光片還有所有的過程再重複了一次，這次，加照超音波，而且要再拍一次吞貝劑的顯影，被我們勉強吞下貝劑的凱麗看起來既生氣又無力；該作的再補強了，這次醫生有不同的看法。但治療後還吐啊，救命啊！該怎麼辦！

　　這會兒醫生解釋不了，猜測應該是太久沒吃之類的！的確這前前後後近一週來，不進食只靠著打點滴過活，奇怪，不會餓死嗎？偏偏吐了又缺鉀離子，所以身體會更想找水喝。

「不能喝水，只能沾沾嘴，否則，還是一樣會吐，情形會更糟」醫生說道。

出院回家，眼神除了呆滯還是呆滯；不斷的找著水源，走路搖搖晃晃，只剩一排骨架子，那天醫生看了 X 光片搖搖頭說：「骨刺真多！」，也難怪讓她照 X 光仰躺會像要了她的命似的。

深夜，我搬了張折疊床與她一起睡在客廳，一方面怕他到處找水，另一方面只要嘔吐可以先擦乾淨；超愛乾淨的她，只要一有髒東西就一定走到一旁用睥睨的眼神看著；在醫院住院，堅持有布才躺下休息，冷冷的夜晚，好不容易才又熬到了天亮。「凱麗勒！跑去哪裡了」邊問邊一層一層樓找，浴室傳來答答答的聲音：「妳幹嘛喝馬桶的水啦？」一把先抓她出來，蓋上馬桶蓋，下樓告訴大家上完廁所要蓋上蓋子。

下午時分，她穿著一件幼兒的藍色毛背心跟著我上樓，正在整理東西時，又失蹤了，「一定又去找水喝了」心想著邊開始找，奇怪，都沒看到啊，難道是？跑上頂樓小花台，凱麗正抱著大水缸牛飲，看到此景的我眼眶泛淚，抱著她下樓「一定要再次找出真正病因，實在受不了了」這麼堅定的告訴自己。下午出門上課，我帶著兩間醫院的 X 光片到另一間醫院請教，「怎麼了嗎？」醫生客氣的問著，原由我再敘述了一遍（這已經是第 20 遍了吧！），拿出片子，

醫生很認真的看了又看。

「小姐，妳知道這幾張 X 光片都是模糊的嗎？我拿別張的給妳比較。」

「是真的有比較清楚耶」恍然大悟。

「我建議妳到人類拍的 X 光照射所重拍，因為這樣是不能確知病情的。」當下燃起一線希望的道過謝之後便趕緊打電話，請姊夫帶阿母跟凱麗到北門路檢驗所重新再照。不到一小時，電話來了：「檢驗師說有東西在裡面，叫我們帶去給獸醫師確認。」

後來，做過確認，也打給前一位幫凱麗看診的醫師，醫生立刻說：「是腸道完全阻塞，晚上就開刀好了，不然，拖太久危險」

「腸道完全阻塞？」

這個病因要確知有這麼難嗎？為何之前都沒人看出？我納悶不解。9 點多下課奔向醫院，到了醫院燈火通明，生意頗佳的診所請我稍等，說要先完成一隻尿結石狗狗的疏通手術，瞭解到滿有一膀胱尿卻尿不出來的痛苦感受，於是我們心急卻耐心的等著。終於等到晚上 11 點輪到我們的時間，她上了手術台，醫生說手術可能會花上一些時間，要我們在外面等待，我跟後來也趕到的大姐決定先到外面吃宵夜，除了轉移緊張的感覺，也順便給餓了的胃一點東西。

　　記得點了碗麵，可是什麼滋味真的沒有印象，與姐姐邊吃，卻滿腦子想的都是凱麗，想著她現在進行到什麼階段，想這幾週來所發生的事！食之無味的結束了這頓晚餐，走回醫院，由後門進入躲在手術室旁偷看，看到凱麗的腸子被拉出來，這一看有點嚇住了，自己的狗在台子上真的看不太下去，於是我們轉而坐在等待區的沙發上，看著地上連話都說不出，只記得坐立難安、連秒針都聽得見的午夜 12 點，手術室傳來生理監控儀嗶嗶聲響，有時長有時短，總是那樣牽動著我的心；感覺過了很久很久以後，醫生大叫：「找到了啦！」（是用標準台語說的）我跟姐姐衝到手術室外，醫生說：「妳看一下，這是什麼？」

　　「是？怎麼一塊一塊的，還有點黑黑的」

　　「在腸子裡那麼久當然會黑黑髒髒的，這是玉米梗啦，我怕傷到腸子所以把他剪成好幾塊慢慢拿出來的。」

　　我將這塊黑嚕嚕搞的我們日夜難安的小東西包了起來，醫生接著嚴肅了起來：「東西是拿出來了，但因為在腸子裡太久，所以腸子破了一個小洞，我擔心可能會感染腹膜炎，今天是關鍵期，明天，若是還很有精神，那應該就沒問題了。」目瞪口呆著走出手術室，望著牆上的時鐘，凌晨 1 點。涼涼的夜晚再帶著疲憊到快張不開的眼皮，與姐姐一同騎著摩托車回家，才踏進門，阿母搶著開口問：「怎麼樣，手術的怎樣？」

我說:「是拿出了一個玉米梗了,但是可能引發腹膜炎,所以,還要等今天晚上。」

也不知能不能撐過這個關卡?心裡細數著這幾週來發生的種種,「都已經經過了那麼多難關,這關一定要撐下去啊,凱麗!」

我將那塊十元硬幣直徑及近 2 公分厚度的玉米梗冰進冷凍庫,收好 X 光片,拖著疲累的身體往床上一躺,不斷祈禱!碎念了不知多久,天亮了!啊,我是何時睡著的?稍作整理,跟孫媽媽又出發到醫院,有點早,還好醫院開門了,醫生一看到我們:「還活著啦,厚!我昨天都沒睡內!起來看了好幾次,昨天就幫她裝這個引流管洗腹腔。」我看著凱麗,很神奇的覺得她一夜之間好多了,天曉得她的胃口會不會來得太快,對於食物高度注意力又開始了。

我開心的問醫生:「現在可不可以給她吃東西呢?」

「可以給一點點,一定要是流質的食物才行。」

我泡了碗少少飼料,等待漲成像泡泡一樣大時就可以吃了,用湯匙搗碎後一口一口的挖著餵,每一口,都很用力的咬著湯匙,像是不放過任何一口食物般,沒幾下碗就空了,「嗯,凱麗,沒了呦,晚點再吃!」嗚噎的聲音配上可憐的表情!「不行啦,晚點再吃!」先到櫃台結了這幾天以來手術的費用,心裡的大石放下一半,先去吃個午餐就回家!連續幾天我們每天都輪班探視兩次,只要看完她

走出住院區，就開始聽到陣陣狼嚎由裡面傳出。手術後約過了三到四天，是個星期天早晨，雖然醫院沒開還是按了電鈴去看狗。

「咦？那個引流管呢？醫生！引流管不見了耶，你拆掉了哦？」

「沒有啊，我沒有拆內，」一邊走過來一邊用手摸了摸！

「真的沒有，該不會是掉了或是吃掉了？」

「如果掉進去肚子？？」

醫生摸了摸頭：「還是要拿出來比較好」

「那要怎樣才會知道有沒有掉進肚子？」我問道！

「還是要拍 X 光才行」醫生回答了。

「瞎米，我這輩子都沒拍過這麼多 X 光，這一個月內快拍了 10 張了吧！」

想一想，不行，不能再有閃失！我牽著凱麗跟阿母叫了輛計程車就往檢驗所去一趟！再度進到檢驗所，這次連拍照的店員也關心了我們：「後來有開刀了嗎？」

「有啊，後來開了，現在是怕引流管掉進腹腔，所以要來拍看看。」凱麗再一次的被架上照射處，喀擦一下，片子沒有 2 分鐘就出來了：「喔！有一條小小的管子在這裡喔」檢驗師一邊用手指著說。

拿著片子回到動物醫院，「醫生，這是剛剛我們拍的 X

光片，真的在裡面啦！」

被打了輕量的麻醉劑，上了手術台，我看著凱麗被拆掉線的肚子又開始讓冷冰冰的器械在裡面撈，「醫生，找到了沒啦，」他偶而從肚子裡面撈出一些小碎肉。

「到底找到了沒，上去一點啦，他在哼了啦，快一點。」我小心翼翼的催著醫師。

「你們先出去啦，」結果，就被醫生趕到外面去了。

滴滴答答分針又轉了 10 分鐘！「阿，找到了啦！」醫生一改嚴肅的臉，雀躍的告訴我們這個消息；我進手術室看著這個又讓她上一次手術台的小管子直搖頭，抱她進籠子摸著頭：「凱麗啊，傷口好了我們就回家囉！」好希望她快快好起來，開心的跟我回家，與我一起分享零食。

後來傷口癒合後，將她接了回來，冷冷的冬日，每天清晨都會起個大早，先燒了點熱水泡飼料，雖然已經在旁邊焦急的踱步，我還是耐心的等著飼料泡軟，然後用湯匙一口一口的餵她，免得吃太快傷了才術後的腸胃；冬天毛衣下瘦的如同皮包骨似的身影也稍稍回復，凱麗的食慾回到以前，而我們家現在是暫時不吃玉米，食餘垃圾一定不能丟在落地的垃圾桶裡！

在我的印象之中，後來凱麗又得了一次「多血症」，原由好像是因為吃了桑椹，因為那時盛產桑椹，好多朋友慷慨相贈，所以……（這個可以繼續再被獸醫師罵個臭頭了）

　　距離當初開刀的往事也已近四年，入秋後，凱麗15歲，眼不清耳不聰，走路也緩多了，偏偏又愛上下樓梯，每次跟著人前人後的上下階梯後，只要人離開了，就開始在樓梯上鬼吼鬼叫，有時我得抱她上下樓，打雷時喜歡躲進房間，然後咬爛所有她遇得到的塑膠袋、再不然衝到廁所咬出清貓沙大便的袋子～吃掉大便（非常令人無法忍受），我媽有時說：「不知道還要吃多久內？」（意指不知還能活多久呢？）邊摸著她的頭！

　　凱麗真的年邁了，她跟著我們成長，由一個才國中畢業的女孩，到現在已經快邁入30歲（書籍出版時已經快46歲），高中時期同學總會莞爾問：「凱麗還在嗎？」聽到的答案也往往讓她們感嘆歲月催人老（阿！不是說我老啦，只是，她走過我人生的一半，如同許多動物也陪著家人走過長長的一段路。）

　　她在一般人眼中不出色、不起眼，帶群狗出去，從沒有人誇過她可愛漂亮，但是她就是活在自己單純小小世界裡，這個世界裡有我、有家、有吃、有孫媽媽、有玩、有睡、有貓咪還有棒棒、小狗狗跟咖啡，就這麼單純，這不就是每一隻小狗生命中最純真的盼望嗎？每天我打著故事的同時，她總在旁邊呼呼的睡著，今天，也不例外！

後記：

　　送養當中途的過程中已經慢慢釋懷、懂得要跟一般人不同。距離很久以前寫的故事，自己閱讀著，看著所有的點滴，凱麗在最後一年中，身體又再老邁了些，完全沒有辦法下樓梯，只能夠緩緩的爬上樓，於是爸媽商量，讓凱麗住在一樓，免得上上下下出門上廁所時麻煩，有時凱麗會上到樓上來，如果在樓下，她知道我回來就會一直咿哼著，聽得老媽火氣都來了。我若是整天都有空就讓她上樓，陪著我練練樂器上上網路，到了我身邊，大部分時間仍都是在睡覺，她喜歡家人在一旁的感覺，離開只要超過 10 分鐘也會非常急切的找人，上下樓幾乎都要抱，有時手真的好酸，可是仍然沒有抱怨。

　　知道妳年紀大了，需要照顧而已……後來，除了有時會尿失禁以外，幾乎沒再去看過醫生。一次機會受邀到安親班講關於流浪犬的課題，我先把凱麗的小小故事當作暖場，當天，有一種很奇妙的思緒在心底；一個晚上，二姐跑上來告訴我：「凱麗咳血了」，說完不久，凱麗就從樓下柯啦柯啦的往上爬，雖然步履蹣跚，可還是到了房間來，我摸摸凱麗的頭，隔天拿了藥回來吃，只是，晚間下了課回家，看著她似乎很喘，給的加藥罐頭一口都不想吃，這不對了，不吃飯的她就真的是有事了，於是我請紅茶郭載著我跟凱麗去照 X 光（編按，紅茶郭為郭醫師，在凱麗晚

年相識）。

　　幾年前，我們也一起來過這裡照 X 光記得嗎？妳氣喘吁吁連站都不太能站，旁人也說妳好像很痛苦，回到了醫院，輕微麻醉以內視鏡前探，卻冷不防的，從裡頭吐出更多的血來，「肺出血！至於原因，不能完全確定，應該是腫瘤纖維化造成的。」所以她會咳血，也非常難呼吸是吧！

　　「肺功能很低了」紅茶郭與院長在半夜通了電話，我盯著還在麻醉意識中的凱麗，眼淚噗溯溯的掉著無法克制，後來趕到的大姊叫我要做好心理準備，可我不是每天都在準備？她是這樣自然存在我的生活當中，像呼吸與陽光一般，難過、快樂、悲傷、痛苦或是喜悅成長，雖無法用言語表達卻總是在我身邊。她的一點點固執、傻勁還有好吃愛叫的個性沒改過，小狼、棒棒以及其他同伴離世時，我慶幸有她還能陪著我們，就是這樣的陪伴我度過青澀歲月、喜樂甘甜與痛苦憂傷！

　　不知道是不是真的想過，有一天她也會不在身邊？麻醉完回了家，該吃的藥該打的針都做了，但這些能挽回漸漸老去退化的身體嗎？從日出到日落，夜裡，妳仍然咳著，不舒服到極點時會咿哼推地上姐姐給妳鋪好的床，妳無法坐著，只能站著不舒服的喘息，凌晨帶著眼淚入睡，一直到天亮，往樓下房間看，妳躺的好好的沒有了呼吸，這才知道，我們真的離別了。

妳在家人守護下走完人生最後一程，記得誰帶妳回來的？何其幸運孫媽媽能送妳走，她說凌晨四點了想睡覺，上樓刷個牙，怎知？妳撐著最後一口氣還是要上樓，然後東倒西歪的躺在媽媽的房間門前吐完最後一口氣。我躲在被子裡沒有勇氣下樓看妳，本來紅茶郭哥哥說想為妳解剖瞭解確因，只是媽媽不捨：「以前就開過那麼多次刀了，不要好了。」

　　抱著妳，等到寵物樂園的車來接走，然後全家人在妳火化的那一天一起，把妳的骨灰捧回家，因為捨不得，還想讓妳住在家裡。

　　凱麗的點滴到此劃下句點，曾有過 16 年回憶與滿滿的愛，永遠不會停止，我們會把愛，分享給其他更需要的小生命……

後記於 2024.01.06

第三章：咖啡

　　從前從前,台南某間高職來了一隻狗,不知打哪兒來?
更不知家在何方?腿短短的,毛髮亂且濃密還帶了點捲度,
來到這個有許多樹木、數不清長長雙腿之地,找了個地方,
他想:「今天就在這裡落腳吧!希望能有食物填一填肚子。」
睡夢之中,有一雙長長腳走向他,抬頭一看,是一個高大
的男生呢,他嘴裡邊說著話,邊慈祥的放下一個盒子,裡
面有好香好香的食物,狗狗開心的接受了這第一份午餐。

　　「就是這裡了,這兒有隨處可睡的地方、好吃的食物,
還有友善的長腿叔叔,這就是家了!」

　　「許多長長腳的人類會對我笑,給我食物,摸摸我的
頭,後來我學會了握手跟坐下,因為每次這麼做,就能得
到喜歡吃的骨頭,只是有一次我吃便當的時候把嘴巴給綁
住了,不但受傷流血,還好幾天吃東西非常困難,幸好有
好心的大哥哥幫我把橡皮筋剪掉!」

　　「是誰給咖啡弄橡皮筋的,真得很可惡!」

　　大哥哥邊幫我剪掉嘴上的東西,邊生氣的叨唸著。這
個地方還有好多同伴,雖然他們不一定每天出現,可是我

會跟他們玩喔，有一天覺得肚子不舒服，躲近一個乾乾的大水溝，發現我當媽媽生小狗了，有了可愛的小狗們，每天需要更多的食物。一日，抬頭看見一個慈祥的太太瞧著我說：「唉呀，生小狗了，有沒有人餵啊？」這個溫暖聲音就是我阿母孫太太，她是這個故事的關鍵人物喔。

因為孫太太有跑學校的生意，出門會在他青春樂蘋果綠菜籃裡，用一個塑膠袋裝上滿滿一袋狗飼料，然後以她時速最快 40，最慢 20 的速度出發，這個小菜籃裡還會有一個 800 毫升容量的保特瓶，是為了去學校裝水方便，另還有一顆石頭壓好回程空掉的塑膠袋，這樣你知道為何我從小時候實行垃圾分類，被朋友們笑說：「環保人士！」後，還有一次在報紙上看到「保育人士」這個令我啼笑皆非的形容詞。

學校裡多了一隻狗，老媽就多帶一些飼料，每次去，狗子們總是熱烈歡迎，歐兜拜空隆隆經過守衛室，大概總是出現這幾類對話，

「今天你值班喔？」孫太太用親切溫和的聲音問，

「對啊，今天來送貨喔？」守衛先生接著回答。

「上次那包飼料還有沒有啊？」

「烏啦！還有半包啦！有時候還有便當哩！」

老媽時常會寄付一包飼料在管理室，怕周末假日沒有學生老師，狗兒們肚子餓了到路上亂跑找食物危險。現在

除了送貨或是跟老師確認要購買的電子材料事宜外，還要多繞些路，到教官室看看這隻剛生完小孩的短腿狗媽，

「咖啡，咖啡！」老媽提高音量呼叫。

「來了來了，在這裡，阿目你來了喔！」

ㄟ！這位同學，現在認親未免太早了。

咖啡沒在水溝裡顧著小狗們，自己不知到哪裡嬉戲去了，短短四條腿敏捷的飛奔過來，把屁股都快搖壞了，然後一股腦兒坐下，不斷伸手想要表演握手這招。真的不用握手喔，我阿目也會給妳吃的！

老媽倒滿飼料後，再將已經插上萬年筷子的罐頭用力舀了幾下，香噴噴的肉塊挖了幾大口出來拌，順便接了一點水，倒在有時會出現的空碗裡，孫太太慈祥的看著咖啡用力滿足享受他的午餐，然後噗噗噗發動摩托車繼續下一個行程。

想想那個年代，還沒有流行網路送養，不然就會去幫小狗拍照，順便徵求中途。

咖啡狗腿，懂得察言觀色，看到喜歡的人就猛搖尾巴，一張嘴總是笑呵呵，好像也沒什麼心情不好的時候，教官室的教官照顧她，剩下的便當一定讓她當午晚餐，至少，週一到週五就衣食無虞啦，但咖啡的小孩們在暑假期間都被抓走了。開學不久後，孫太太就請朋友開車帶她去動物醫院結紮，套句現在動保團體常說的：「痛苦就到這代為

止！」

　　養好了術後傷口，我記得那次好像是請醫生開車載著阿目跟咖啡一起回到學校。

　　「回來了喔，咖啡？」警衛先生看到她相當開心。

　　「對啊，傷口好了啦！」老媽一邊說著，咖啡早已經雀躍到要飛起來，開始發出哼哼伊伊的貓頭鷹叫聲。下了車，教官們也很期待咖啡回巢：「怎麼樣，都做好了厚？」（他們的意思是完全做好結紮的手術了嗎？）

　　「對啊，讓她住幾天，傷口好了回來比較安心啦！」

　　此刻大家的焦點都放在那隻笑得闔不攏嘴短腿狗身上。

　　小短腿繼續在她廣大的家生活著，嘴上那圈記號一直長不出毛髮來，那個可能是被惡作劇的記號讓她不用戴項圈也很容易認出，陸陸續續老媽還在學校裡頭餵養、請朋友或醫生帶其他流浪犬去絕育，直到捕犬隊再次進駐校園，帶走了非常信任人類的咖啡。

　　咖啡被圈進捕犬車的鐵籠子裡，她用哀傷恐懼的眼神乞求著眼前的長腿叔叔、長腿哥哥們，這些她視為家人的大哥哥們，不知與捕犬的大叔說了些什麼，不久，車子發動，咖啡離開了她的「家」。

　　遠在台南市區的孫家此刻電話鈴聲大作，老媽像平常一樣，悠閒的接起電話：「喂！」她開始認真聽著電話線連著的對方，眉頭一皺，陷入某種沉思，過了一陣，話筒這

方打破沉默：「都沒有人跟他們說已經結紮了嗎？」

　　對話持續了幾分鐘，孫太太情緒已經不同。在學校裡，老師都是領學校薪水的，很少人能勇敢發聲，就算發了，就怕被人指著鼻子說：「喜歡就帶回去養啊！」

　　這肯定不是第一隻老媽結紮又被抓走的狗了，那一次大姊跟我敘述：「你阿母去收容所領回一隻狗，說是在學校被抓走的，她去收容所以後，竟然直接把狗帶回來，然後口裡還唸著：『咖啡就在生病啦！先給她回來住幾天，好了再送回去學校。』

　　「感覺那隻咖啡是個狠角色喔，會兇其他的狗，上次還差點跟棒棒打起來」大姊像說故事一樣語調高昂，不知在興奮什麼？隔了一週我回家探親，從一樓上二樓時，發現家裡請了一位短腿管理員，她被繩子鍊在準備進客廳的樓梯間，一看到陌生人，馬上站起來吠了我幾聲，看來老姐說的沒錯，真是個狠角色啊！

　　吠了我以後，馬上被我反問：「請問你哪一位？」她丈二金剛摸不著頭緒，越叫越心虛，再用斜眼瞧了家中其他人的反應，此時大概猜出我該是和這家人關係匪淺，已經在估算這之間利害關係。咖啡都睡在這個地方，老爸不讓她進門，老媽就用條繩子拴在樓梯扶把之間，讓新來乍到的她不會有機會開溜，不過我心裡想的是：「來這裡還會有想走的嗎？」

雖然咖啡住在一到二樓轉角處的小樓梯間，但每天總能藉機觀察客廳的一舉一動，非常懂得看臉色，家裡人進進出出，她都無所不用其極的熱烈歡迎，一邊搖尾巴一邊舉著手想跟妳握手示好，口裡還不時發出如海豚般高頻率伊伊叫聲。我們正式與咖啡朝夕相處生活，而老媽當然沒再把她送回學校去了。

有了家庭溫暖的咖啡開始長胖，一開始亂如雜草的毛髮也出現了一些光澤，雖然至今看起來還是很缺乏保濕，特別是每天早晨剛睡醒，恰巧妳得一早外出，就可以看見她睡眼惺忪、一臉倦怠，外加如同怒髮沖冠的一頭亂髮。另外，就是她短短四條腿撐起的一張麻將桌，胖到幾乎變成長方形的魔術方塊，嗯！你說是積木也行，成天無事就喜歡鑽到椅子底下磨磨她一直抓不到的背，有時客人來搞不清楚狀況，還會被突如其來的磨背功給嚇到跳起來。

聽到這裡，大家就知道後來她已經開始在家中客廳出入，儼然成為孫家的一份子，溜狗與吃飯都有她的份，老爸甚至對她比更早到我們家的「小狗狗」好，她總是抓準時間，只要客廳門一打開，就開始伊伊阿阿半跳半走的熱烈歡迎，假若今天跟我們一起在客廳裡享受天倫之樂，我們的眼睛盯著電視機動也不動，手正在自動扒飯乘菜，咖啡此刻是用「四顆」又圓又亮、看起來頗為可憐的眼神盯著你的碗筷，只要一有機會對到你的眼睛，伊哼功立馬開

始順便舉起手想跟你用握手把戲騙手上的肉骨頭，另一隻也是心機鬼的混狐狸犬棒棒最恨她這樣，她們兩常打架。狀況是這樣的，妳若是呼喊咖啡，棒棒就會過來跳到大腿上趴著撒嬌，反之，妳叫棒棒，咖啡就湊過來，有時他們根本同時來到你身邊，這時就檯面下互掀牙齒，阻止後，放下皺起的鼻子繼續黏著人撒嬌，然後私下再繼續對槓。

　　當然，吃飯就更是這樣，棒棒雖然比咖啡挑食，但正式吃飯時間，他狗仍舊不能靠過去，以前凱麗每天都是第一個掃完，然後排隊等大家結束再去清理盤子，所以我個人覺得，家裡養一隻狗的挑食嗎？懶得動嗎？再領養一隻好吃的作伴吧！

第四章：happy

　　當你偶然遇見一個需要幫助的人，也許錯過了第一次幫助他的機會，但若有第二次？那也許你就是上帝派來的天使，要使用你來完成一件事。

　　2006 年某日，大姊騎車經過一條位在新光三越百貨附近的小巷，無意間看到一隻體型很大的黑狗，在台灣隨處可見流浪動物並不稀奇，但位在這個熱鬧的小巷裡，接近拉不拉多體型的黑狗，只有像骨頭撐起的肉架子，身上一點肉都沒有，以及留著血水令人怯步的脖子。在老姊驚嚇度還很高時，狗一溜煙就不見，回了家都還在想著這件事，並且跟我們討論這個畫面，想著該怎麼樣做，去找他然後給他吃這樣嗎？

　　隔了兩天，同樣又騎經此路，這隻骨瘦嶙峋的巨大黑狗突然又擋在姊姊摩托車前面，並一溜煙往旁邊停車場躲去，於是她下定決心，快快的聯絡了一位陳先生，這位陳先生會不定時的幫助流浪狗狗，也曾經發過名片給我們（印象還有選過議員或立法委員？）聯絡上就相約來這個停車場尋找，聽停車場的管理員說他的確躲在這裡棲息，管理

員是沒有趕他，但聽姊姊說上次曾看到她去喝鄰居門口的水時被驅趕，也許是體型與外表嚇人吧。

很快的，他們發現了狗狗並試圖叫他，他面露兇光的吠叫，想必是怕有人要傷害自己。而後，陳先生拿出預備好的罐頭，讓大黑狗先飽餐一頓，吃完了午餐也卸下心房，眼前狗兒狼吞虎嚥，脖子上的傷口看起來相當嚴重，且傷口之中還擠出了一塊約一斤豬肉那麼大的肉塊，他們倆面面相覷。

陳先生先開口：「這個要送醫啦，有要救他嗎？」有點近中年的國台語口音。姊姊點點頭，當然是要救才過來看的。

陳先生坐上摩托車試著叫狗狗上來，沒預料狗狗一下子蹬上腳踏板坐好，大家的表情統一都是：「這個有人養過的啦！」就等狗狗開口說他家在哪兒？也許是被遺棄，才只得隱藏這嚇人的身軀在難以找到食物的地方，

姊姊後面跟車，到一家給流浪動物優惠的動物醫院去。

「哇！這傷口嚴重喔！」醫生仔細看著他的脖子，也訝異於此傷勢，醫院的狗貓患者不多，醫生做事不疾不徐，感覺像是鄉村的經營方式，看起來一派輕鬆，而醫生太太則非常熱情的跟我們聊天。醫生看到了「兩」條橡皮筋，若是被現在的我們看到，在剪掉前，會像是開幕酒會剪綵般咖擦瞬間，相機此起彼落的猛拍，但當時搞不清狀況，

就在這聊天過程中,橡皮筋就這麼~剪了。剪掉以後上藥,就進籠休息,隔了一天到醫院看狗狗時,他瑟縮在籠子裡,可能因為籠子小,只能剛剛好裝進她,雙眼深凹、眼神中盡是恐懼,還對我吠了幾聲,驚恐的眼神加上凹陷的雙眼,這狗流浪期間,必是感受到了人情冷暖,再加上被遺棄的絕望,那樣的淒涼。

過了幾天,我跟老媽相約一起騎摩托車到醫院探望他,她是個女生,雖然表面上看起來一點都不像;大姊因為她的黑,給取名黑皮(happy),記得上週到電影院看「神鬼奇航 4」,內容其中一部分提到美人魚與一位衛道者相戀的故事,那位衛道者對於抓了美人魚的壞人生氣的怒斥:「她有名字的。」

壞人耶愉的問:「喔,那叫什麼呢?」於是隨意取了個:「Serina.」從此以後美人魚有了美麗的名字,而黑狗妹叫做 happy(這個故事有什麼關聯啦?)

傷口漸漸穩定了下來,醫生太太手舞足蹈的說:「跟你們說喔,那個 happy 很喜歡我們家醫師喔!」她停下來等我們參與討論。

「真的喔?」我們也很配合的接下去,

她眼神更亮了:「昨天晚上,她竟然自己衝到樓上的房間,然後跳上來舔我先生耶!」

我們開始認真的想:「所以是衝破籠子了?」

醫生太太應該知道我們要問什麼：「對啊，把籠子門撞破內，好厲害！」

這時候醫生的頭上飛過三隻烏鴉，表情僵硬的接：「哦，沒有啦沒有啦！」

醫生太太像是被澆了一桶冷水，只好停止了她宏亮聲音以及配合得恰如其分的動作。

「那她也差不多可以回去，只要上藥就好了！」醫生插了話。老媽這時候緩緩說了：「回去喔，不知要回哪裡去勒？」老媽還算細微的聲音加上慢半拍的說話速率，跟醫生太太正好呈現極大對比。此刻換醫生緊張了，否則怎會阻止他太太繼續說著 happy 如何喜歡自己的事，果然老媽還是很勇敢的問：「醫師，你要不要養？」

「喔！不行啦，不行！」這時換醫生開始揮舞著手，趕緊拉高分貝尷尬又不失禮貌的笑著拒絕。

「醫生你們鄉下的家不能養厚？」老媽竟然還敢厚著臉皮問。

「有啦，我們鄉下有養狗了！」

沒幾天的某個早上，就發現醫生騎著摩托車到孫家樓下，腳踏板擠坐著一隻大黑狗，是的，happy 被宅配到府了。老媽接到通知趕緊下樓，先將狗狗鍊在後面鐵欄杆處，然後醫生拿著優碘交代如何每天為她上藥，醫生卸下心中大石的離去（從背影我彷彿看見他吹著口哨？）看著老媽

生澀的為 happy 開放性破大的傷口消毒、上藥，happy 不
生氣也不害怕，大概瞭解到眼前這個婦人是為了她好。

　　上好了藥，老媽就將我們進出的後門左側儲藏貨物小
區塊稍微清理了一下，將新來的 happy 牽到屋裡拴在一旁
的剪刀門，安置好了，就自顧自的說：「還沒送出去之前就
先養在這裡，至少可以遮風避雨，也不會嚇到路人。」然
後順勢撈了一碗乾飼料，這 happy 看到飼料像瘋了一般的
想往前衝，常挨餓怕沒得吃，而從她埋頭讓飼料飛揚的那
刻起，開始了在我們家的中途生活。

　　破破的傷口在上優碘的時候，裡面都還會出水（正式
名稱應該叫組織液）、濃汁，而為了擔心項圈弄痛了她的傷
處，我們用布將項圈及傷處包起來，好讓接觸傷口時不會
有疼痛感，記得她在外面上藥時，（因為會弄得整個地上都
是，所以都帶到後門巷子處）總是讓經過的人瞠目結舌：
「這隻狗仔是按怎啦？」（一般台語發音居多）

　　「說是橡皮筋啦！現在就在擦藥了」

　　「夭壽喔！是誰給他用的？」

　　「不知道，有的人說可能是吃便當的時候不小心套到
脖子去！」

　　劃重點：「所以現在都主張回收便當盒後不可再用橡皮
筋圈起，他們沒有手可以幫忙打開便當盒只能用嘴，頭一
伸進去自然橡皮筋也就套到脖子了。」

這樣過了幾個黃昏、早晨，傷口漸漸癒合不再滴出血水，兩條橡皮筋擠壓出的那塊「肉」也奇蹟似的漸漸消失，只留下長不出毛的大疤痕。

既然漸有起色，就開始網路送養，否則這隻才兩歲左右的年輕狗要在我們家待多久啊？我拿著老祖父相機，相機機身頗有分量，不像科技發達後輕薄機身，對著 happy 猛拍，然後因為大姊先到流浪動物花園網站發文（原為 Rose's 流浪動物花園）所以自此也開始學習貼圖、貼文，讓 happy 的故事與照片給網友們看見。

除了開始適應彼此的生活，也滿心期待天使認養人出現，happy 執著於吃，多年來我一直觀察狗狗毛色帶給她們與眾不同的特性，淺色的狗較神經質、容易緊張，而黑色狗則相當愛吃，要嘛很兇要嘛很親人，咖啡色系的狗通常親人愛笑，個性居中，所以你看看那個凱麗，非常愛吃，而 happy 看到吃那種要死要活的德行也令人受不了。

剛開始老媽會用同情的語氣說：「那隻狗不知餓多久了？每次看到吃就一直衝過來。」

後來我就總是聽到拉高八度的潑婦罵街：「像猴子勒？給我坐下，甲霸阿戈五聲！」（請台語發音）

家裡很小，又有其他狗、貓，所以 happy 一直住在那個後門旁很亂的小置物區，也都被繩子鍊著，她體型大又雄壯有力，每回要帶她出門遛，都是狗已經到了門口，而

人在裡面還來不及已經被拖去撞牆，手已經到門口，就會撞成瘀青，來訪的朋友們都說：「因為他太少出來了，所以會這樣是正常的！」

　　想想也對，而由於每天帶其他狗到公園的隊伍已經有點長，所以就沒法子再帶她，有天我騎著摩托車帶她到一個離家裡較遠、面積頗大的公園去，小小 50 輕型機車載著瘦瘦的她，經過了晚間早已經打烊的市場，竟一躍而下想覓食，到了公園就更慘了，牽著溜，我手會廢掉而且她也不開心，公園這麼大應該不會跑到馬路上？是沒跑到馬路啦，不過就這樣給我消失在公園一個小時，任憑我怎麼找，就是不出來。

　　另外一次是跟二姐一起，我們兩個就在那又黑又大的公園走來走去，腳也發酸了，死豬皮啊，妳到底在哪裡勒？兩人越來越沒耐心，近兩小時後，公園僅剩的人潮也都散去，happy 終於滿足的出現在我們面前，搖著尾巴：「好了好了，我累了，咱們回家吧！」

　　「哦，是的，我去開車，您等一下喔！」

　　從此以後，沒人提的起勁帶她出遠門，演變到最後，只能在後巷子牽著她，正確來說應該是被她牽著東倒西歪的左拐右撞，才幾公尺路不斷聽到：「搭搭搭搭，哈哈哈哈，科拉科拉！」（腳步聲、喘氣聲、鍊子聲），外加人類的：「慢一點，等一下啦！厚！」用鐵鍊子拉讓手很不舒服，

沾上鐵繡味以及總是紅腫的雙手，剛來我們家就曾咬斷繩子幾次，她不會走失喔，知道這裡是她賴以維生的地方。但每次出走都得要兩、三小時，在還沒結束小小旅程時，即使被你眼尖逮到了，一樣用奔馳千里的速度消失在眼前，有次老媽二度出門找她時，發現對面賣鞋的店家前站了兩個女孩，年輕女孩前面還立著一隻黑狗雕像，這黑狗開口了：

「姊姊，我沒有家，餓了很多天，可以把妳手上的麵包給我嗎？」

年輕女孩嚇壞了，趕緊將手上的麵包一塊塊的剝下：「來，可憐的狗狗，給你吃吧！你比我更需要這食物！」

這隻狗涕淚縱橫正得意他的計謀達成，突然有一個胖胖的巫婆出現了：「happy，妳在這裡幹什麼？」

年輕女孩幫這可憐狗狗說話：「這是妳們家的狗喔！她好可憐，看起來好餓，而且好瘦喔！」黑狗泛著淚光看了巫婆一眼。

「這，這狗本來流浪的，在我們家有吃東西啦，只是她真的很愛吃！」巫婆差點要將黑狗大大片的耳朵轉上一圈，後來拉著項圈，回到真實世界去了。

留下兩個善良的女孩跟已經空的麵包袋子。

體型大的 happy 加上過馬路不會左顧右盼，當她出走時我們真的頗擔心，有次我在樓上練長笛，很敏銳的聽到

外面吵雜的馬路上有狗唉唉叫的聲音，怕是有狗狗被欺負或被車撞著了，趕緊拉開窗戶往樓下掃視，果然看見斜對面公園處，有隻狗往對面頭也不回的快速奔騰，後面還追著一隻黃色柴犬，前面這狗好大，驚：「是 happy。」

窗戶關上，迅雷不及掩耳往樓下衝朝那個方向找去，不久，總算在巷子裡看到氣喘吁吁頗為狼狽的 happy：「喂！妳那麼大怕人家一隻柴犬，還被追過來？」

一邊揪著她回家，才發現她的背上被咬了個洞還流了血：「平常在家裡聽到陌生人的聲音那麼會裝兇狠，結果出去被咬，厚！」她開始裝乖的對我搖起尾巴舔舔我，鍊好繩子給了點食物壓壓驚，擦藥的事就交給老媽。

有時她正睡眼惺忪或是吃飯當下，我們都吃過被他掀牙齒皺鼻子的虧，飲食中不能打擾，手更不可以靠過去，他是那種為了吃可以對主人翻臉的狗，全家都被咬過，連那個對動物要求很高的老爸也中過獎，有次晚上，聽見老媽跟老爸在樓下，那天老爸去朋友家喝了酒，回到家大概醉醺醺，就這麼讓 happy 咬了，這下老爸不知是醒了還是仍然醉著？拿了一根棍子要教訓 happy，老媽見狀趕緊阻止，夜裡就聽見老爸：「哪有狗咬主人的？要打，要打。」

老媽：「賀啦！你甲酒醉了，快去樓上啦！」

這一個擋一個要打，換我聽見衝下樓，二話不說，牽著 happy 出走，兩人淒涼的在夜色裡，她看來似乎也慌了，

我甚麼話都沒說，就牽著、牽著，往前面走去。

　　那天晚上，她沒有拖著我去撞牆，大概也知道捅了簍子，一個小時過去，想想這時回家應該風暴平息，所以默默的帶著她回去，一樣給了杯飼料摸摸頭，（要記得先摸頭才能給飼料，不然又要被咬啦！）踏著小心翼翼的步伐到樓上後鬆了口氣，老爸已經去睡覺，明天就會忘了，不過這雜唸大概還要持續一個月。

　　然 happy 住在後門，後門與巷道間可以清楚對望，這傢伙來家裡沒幾個月就學會看家本領，看到陌生人在後巷逗留，就會用那彷彿裝了鼓的肚子，宏亮吠叫聲嚇唬「壞人」，以前小狗狗還在，就會一起吼，吼完了傳到樓上，樓上的凱麗、咖啡、棒棒也加入戰局，我就說還好家前面是吵鬧馬路，後面是商業大樓，晚上沒住人的，否則早被按電鈴按幾百次了。

　　說到按電鈴，這舉凡送瓦斯、郵差送掛號信、送貨、有人來訪，狗吠的驚天動地我看整條路不會有人家遭小偷，我們常都自己洋洋得意計算，小偷先從巷子被小狗狗跟小黃追，然後好不容易進了後門被 happy 咬，忍住痛摸著屁股走進門時遇到掀牙齒的咖啡，又被咬了後打開客廳門被棒棒、凱麗遇個正著，看到家裡那麼亂狗還一堆，結果驚嚇過度，從二樓客廳往一樓跌下，就像是「小鬼當家」的劇情啦。

來說一下 happy 的愛恨情仇，她不喜歡巷子底的一戶人家，這戶跟我們也沒什麼交集，他們養了幾隻叫得出品種名字的，但是僅一年左右狗換了，我們住在這裡近 20 年，只有看過一隻混種體系的大黑狗，也是不到一年，主人「唉聲嘆氣」的說帶去放生了。我看過的，舉凡米格魯、拉不拉多、喜樂蒂、臘腸、吉娃娃等都在名單內，這是我還記得的，有些根本沒啥印象就……，happy 站在我們這一國，只要他們家的人經過，就叫到好像要把人咬死的樣子，我媽都說那叫：「熊！」（兇狠的意思）

　　這家人也討厭 happy，以前老媽幫隔壁巷弄中一位已經搬走的陳太太照顧兩隻狗，這兩隻狗其中一隻叫「阿狗」，是陳太太隔壁鄰居，搬到大房子後讓他原籠原狗留在舊房子門外，另一隻「小黑」則是犬瘟耐過加上車禍瘸了腿、長的很抱歉、耳朵要趴不立還得了毛囊蟲的醜瘦黑。（人家都是高富帥）

　　孫媽媽每天去屋主的鐵皮屋那裡三趟，餵他們吃飯，然後帶著小黑散散步，有時我騎車經過，總看到一隻跳不太起來的瘦黑狗瞇著兩顆看起來不是很亮的眼睛往我這裡撲。重點是那個換狗無數的鄰居只要經過鐵皮屋看到小黑她們，就會說：「苔戈告歌勒飼！」（很難我知道，就是骯髒狗也在養？）也許 happy 也知道，所以只要他們經過，真的是全家大小喔，都會叫的很「熊！」

　　他們不甘示弱，常常故意拿棍子、保特瓶往後門敲，或是直接丟進來，這麼一來一往，happy 無論怎麼叫，只要是他們經過，一概不理任憑她，有時我媽還會得意著說：「我故意跟 happy 說是看到鬼喔？」

　　老媽平常給 happy 吃的東西有限制，不會大碗大碗的舀飼料，所以看起來真的偏瘦，看她每天都一副餓死鬼的樣子，想說來個每日一大碗飼料作戰計畫，就是平均每天分批多給他一大碗飼料，看看能不能改善她餓死鬼的習慣，於是只要我回家，就挖起一些飼料以及小零食。一個月後來看成效大呼：「澱粉類真是肥胖的原兇！」happy 整個腰變成圓的，看起來胖多了，反應較慢的老媽也看出來，一直說：「麥給她吃那麼多，每天都大兩次還很粗。」狗既然已經胖了飲食就可以慢慢恢復正常，食物減少，點心以牛皮骨或肉酥條取代，可是她的曲線卻只恢復了一點，這點就跟我現在的心情是一樣的。

　　Happy 像是黑色大版米格魯，她是一隻獵犬，道道地地的獵犬，生活在我們家根本無用武之處，她應該到荒山野地幫忙尋找失蹤的登山客，或是到機場幫忙檢查有沒有違禁毒品。在這裡除了吠叫看家，再用想咬死人表情來嚇唬靠近我們家的人以外，我不得不說，剩下的就是抓老鼠，因為鄰居做生意以麵粉為主要材料，巷子後面躲了一些老鼠，有的時候鄰居會拿毒鼠藥，有一次我還看著一隻老鼠

邊走邊嘔吐看來極端不舒服，真的是在嘔吐的動作，當下起了同情心，覺得快死了的他們好可憐。老媽的說法是這樣的：「老鼠就是因為沒有東西吃，所以才會跑到人類家裡作亂偷吃，如果他們吃飽的話，就不會跑出來，會比較安分！」

這可顛覆了我從小到大的觀念，有時我還真會認真想這個問題，老媽應該是把流浪狗的型態套用在鼠兒身上吧。

happy 拴在我們家後門裡面，偶而有初生之鼠不畏皮的誤闖家中後門，有一次我看見地上有一陀東西，有一次我看見地上有一陀東西，正好奇 Happy 為什麼不像之前那樣迎接我回來，猛跳猛扒氣喘吁吁的汪汪叫等待我給的零食，這怪了？我看她的頭一直執著在地上那陀黑色物體，於是，也把我的頭往那伸過去仔細一瞧，「ㄍ一ㄍ一ㄍ一」我頭也不回往樓上衝邊猛喊：「老鼠，老鼠，老鼠的頭不見了！」邊用顫抖的手往樓下一指，老媽看我的表情又驚又想笑：「老鼠？」

「對啦，猴皮給人家分屍了，你快點下去看。」

老媽就拿著一只塑膠袋到樓下去「收屍！」

後來陸續還發生過幾次相同的情形（有次還是隻四腳朝天的壁虎，我連看都還來不及，就，沒了。）只要你回來她沒有又跳又扒又吠又煩人，那肯定是吃飯，要不就是？……

　　日子一天天過去，happy 都還是拴在後門入口處，家裡坪數真的太小，已經沒有空間讓她可以上來自由自在，我跟老媽的夢想是有一天換一間有院子草皮的房子，讓狗子們隨意進出，不需擔心颱風下雨，也不用擔心帶出門危險，老媽常用台語說那句：「沒有亮相錢。」（意思是沒有多餘的錢。）

　　那倒是真的，一個老師說他同事家有四個孩子，年齡都比我們大些，他們老爸買房子為了要全家能互相照應，於是在高雄某路上面連買四棟別墅，一驚：「真的假的？」老師說：「這還不是他們唯一的房子喔！」聽了口水都流下來。

　　好幾年前，朋友剛認養的小杜賓走失，晚上下了課天氣也較涼爽，我就跟她一路走一路叫，然後再自製宣傳單貼柱子，走了幾小時腳都鐵腿夜也已深只好先回家休息，第二天，我主動說要帶家裡的「緝毒犬」happy 前往尋狗，邊卸掉鍊子邊說：「happy，知道妳今天的任務是什麼嗎？」

　　happy 發亮著眼睛：「是吃東西嗎？」

　　不耐煩的回答：「是找一隻小狗，跟妳一樣黑色的，如果有找到，今天吃的就免費嘎！」

　　「免費？真的」黑狗流下口水。

　　我心想：「本來就免費啊，哇哈哈。」

　　一行三人，就在夜色中出發，happy 的確很容易發現

可疑事物，一點點味道、聲音，就會扯著脖子向前擠進，嗅啊嗅得好像知道些什麼，但說到她這獵犬習性，真的只有在食物上發揮，沒一個小時突然看她往前衝去，我就在後面像「魔女宅即便」的小魔女一樣飛了起來，

「是找到了嗎 happy？」在「天空」中的我愉快的問她。

等我「降落」，看見她上半身已經趴在小上海香酥雞的攤子前了。

「老闆，對不起對不起喔！嚇到你，這隻狗就是這樣啦。」

老闆又驚又笑的看著慌張不已的我。

「ㄟ，老闆來份 50 元的香酥雞好了。」

「好！」老闆爽快的回答然後雙手邊忙著操作眼前香噴噴的炸雞。

這時候被我喊坐下喊到快燒聲的 happy 早已流出眼淚滴出口水很久，「小姐，有一些細碎的送給妳，可以給小黑吃。」老闆充滿笑意的看著我們三人，朋友在旁邊也看傻了眼，給過錢謝過老闆，很快的那天找狗之行差不多就要結束，三天內，都沒有找到狗，我們也放棄夜半尋狗之旅。

說也奇妙，就在幾星期後的一個中午，那天跟朋友約好要去離市區很遠的安南區（騎摩托車約 25～30 分）的批發文具工廠買送給小朋友的文具，我從沒到過那一帶，就

在我們結束文具之行要回去時，被我瞄到長的很像朋友的
杜賓犬，只要有機會絕不放棄嘗試的性格衝過對面馬路，
殺到牽著迷你杜賓約五十幾歲太太前面劈頭就問：「請問一
下，這狗是最近養的嗎？」太太大概以為詐騙集團不太敢
應聲想離開。

　　「是這樣的，我有一個朋友最近掉了一隻這種狗，所
以問看看。」我對小杜賓指了指，這下她的回答真讓我下
巴合不攏了。

　　她大概有狐疑卻又恍然大悟的表情：「幾個禮拜而已，
挖親戚撿到給我們飼的啦！」我想她應該認定我就是來找
小黑的。

　　於是繼續用一派台語接：「我家就在前面，到我家去看
看好了。」

　　她牽著似乎跟她感情很不錯的小黑，我摩托車尾隨在
後，從狂犬病預防注射牌幾乎確認了他就是朋友的狗，後
來朋友不可置信的來看、也帶去掃了晶片，世界就有這麼
巧合的事，朋友直呼：「一定是妳一直跟妳上帝禱告，然後
我一直跟我觀音菩薩求才會找到的。」

　　植了晶片固然保障，如能夠別上姓名電話的牌子就更
好，朋友多年後竟不慎又讓小黑走失一次，而因為老早為
他做了一個姓名狗牌，所以馬上有人打電話領回，這說也
奇怪，兩次走失，都不算在太近的地方，到底狗狗們流浪

時是怎樣的路線，如果有狗狗行車紀錄器，那麼就能夠找到並且觀看她們的歷險之旅（編按：110 年左右，的確有這種產品問世）。當然希望他們不會有機會到街上流浪四處為家。

話說回來，happy 的狗鼻子沒派上用場，用處都在於，將我放在袋子裡的食物旋風似的撈出來，或是到外面上廁所時，聞到小黃藏在花盆裡面的雞腿一下翻出，再不就是她不喜歡的人大老遠過來，開始發狠嚎叫。happy 的狗生自到了我們家之後平淡無奇，但也讓我觀察研究到一種狀況，狗狗在鍊著或關籠時，通常比沒有鍊著時兇很多，這點我問過比我專業的紅茶郭：「因為他們在鍊或是關著時相對沒有保護自己的能力，如果有人拿著棍子或是傷害他們的東西，他們不能跑也無力招架，所以就會先保護自己，其實就是自然的防衛性而已。」

很有道理，如果我每天都被關在一個小房間，看到陌生人來訪，也會用防衛的方式保護自己。

如果有飼主覺得自己家的狗很兇，甚至有時不小心掙脫鍊子就去咬傷路人時（有看過這樣的新聞，那個主人就說要送到收容所去了）是不是試著讓他在家中跟人類一起相處？他們的習性必定會改善，可以試試看。

我仍然期待著未來那個夢想中的家，happy 妳要等我們啊，雖然這一送養超過 5 年，早已狗老珠黃，但依她那

種連剛結紮完就可以跳上跳下的鐵打身體，以及即使白鬍子開始四散在她長長嘴管四週，瘦也瘦不太下來的表徵研究，我想她應該可以活到那天，有了大院子，老皮無憂無慮的頤養天年，張開著愛吃的大大嘴皮、掉出很多老人斑的大片舌頭，盡情打滾、奔跑在快樂的草皮中……

第五章：咪咪

　　咪咪擁有平凡貓咪的所有特質，沒有創意的名字，白色居多的三花，沒有折起來的耳朵，沒有大到讓人動心的黑亮眼眸，更沒有親人討喜的可愛性格，她擁有米克斯好養少病的健康身體，省了不少主人的麻煩。

　　2001 年，一隻在台南眷村水交社的少齡母貓，產下三隻幼貓，他們長的很相似，其中兩隻白色偏多，另一隻多了些不同的花色，母貓媽媽在小貓一個月大的時候離開了，當時眷村開始有人遷走，裡面情況有些不穩定，留下的三個小朋友，朦懂未知尚無謀生能力，她們面臨一般流浪貓所遇到的問題一被自然環境淘汰。

　　一日下午，有位微胖太太經過小小貓寄居的地方，太太驚呼：「原來生在這裡喔？」

　　小貓咪面面相覷：「我們認識她嗎？」

　　「好可愛啊！你們的阿目都沒有回來厚？」太太輕撫著小貓咪的頭，然後挖了一點罐頭敲在磚頭上，「這個這麼小還要喝牛奶，這樣不行。」太太想了許久，回到家跟自己的小孩商量，說是商量其實只是要尋求支持罷了，這太

太也有三個孩子，她還壓根沒問過其中一個，那就是我。

　　那時家裡的三個孩子都大了，原來的房子有三間房間，一間是老爸老媽的，另一間是我們三個女孩住的，再來樓上小些的房間則是給阿嬤。老媽省吃儉用貸款買了間走樓梯舊公寓，後來兩個姊姊搬過去。老媽跟她們兩個商量，要把三隻小貓先帶過去公寓照顧。我對小貓咪的印象就是有次回台南到公寓走走看看時，發現有兩隻才幾個月大的可愛小貓咪，一隻非常乖巧，而另一隻就像裝了電池一樣，老是衝過來衝過去，還會等乖小貓經過再衝出去嚇他個正著，乖小貓不久後隨著頭一隻當小天使去了，僅存的活潑搗蛋鬼就給了一個名字：咪咪。

　　咪咪在公寓裡活得很好，再另一次回去，她又大了點，那次我們大家一起去吃飯，吃完了老爸說想要上去公寓看看，知道老爸不喜歡貓的我識相的先衝上樓，一把抓起搞不清楚狀況的咪咪往小陽台洗衣機一放：「忍耐一下，很快就好了。」

　　老爸果然看東看西，也往陽台走去，看了一眼已經蓋上蓋子的洗衣機，然後離開走進客廳，而在客廳如熱鍋上螞蟻的我不知是幻覺還怎樣，隱約有聽到貓咪喵喵急切的叫聲，好在老爸一會兒就離開，我趕緊掀開洗衣機的蓋子，只見井底之貓不斷：「喵、喵、喵」的往上飛跳，捧起這隻緊張的小皮蛋，她就飛也似的往客廳衝去了。

紙包不住火，後來還是被家裡那唯一不喜歡貓的發現了，反正也都知道了，加上姊姊們每天都還是會回「老」家，所以，幾經考慮就將咪咪帶回，讓這隻天不怕地不怕的年輕貓咪有了玩伴，剛開始二姐偶而都還會用提籠將咪咪帶回公寓住上一兩天，聽說咪咪一回到公寓，就先躺在地上打滾個幾圈，好像是說：「好久沒回來了，想念你啊老家。」

　　這隻已經長大成貓個性活潑的小三花很快適應新生活，這裡有隻看起來很好欺負的黑狗，一隻對貓不太友善的混狐狸狗，還有一隻最可能威脅到他生命安全的跛腳狼犬、以及在家裡備受寵愛的黃金金吉拉阿嗚。咪咪是否認為這個家的成員住在這小房子裡太過擁擠？所幸這個才八、九坪大的房子可以蓋上五層樓。家裡除了貓咪喜歡上上下下穿越每個樓層外，狗兒就只有凱麗因為跟著我而熟悉了每層樓，其餘的都還是在二、三樓的生活空間。

　　咪咪很懂得對空間發揮，不喜歡守規矩，到了新環境為了警告這些家中老成員自己即將擁有的地位，老是聽到他呼人家巴掌邊哈氣的聲音，動不動跳到桌子上挑釁，然後猛然的往下面經過的狗頭一打，或是跳到貓砂屋等到阿嗚出來時飛撲上去，搞得全家貓狗都厭煩她不打緊，還跳上餐桌大落落掛在那裡休息，並且直接用手勾起美食享用，我不太懂餐桌禮儀，在家裡也隨興，像阿嗚聞到我吃雞排，

就會跳上來急切但又輕聲的喵喵叫，展現出金吉拉貴族的優雅氣質？然後我將雞排剝出細絲分享一點點給她，吃了幾條她覺得足夠就會離開餐桌去旁邊洗臉去了。

咪咪則完全不一樣，她會跳上餐桌，然後用著急牽絲且壓住喉嚨的難聽叫聲喵喵鬼叫，外加拿手一直來勾食物或壓住你拿食物的手，剝了放桌上，如果聞到是不喜歡的轉頭就走，若是喜歡的，沒等吃完，她的那顆貓頭直接到你的碗裡挑食材，就跟妳的頭擠在一起，推也推不開，尤其是有新鮮蝦子的時候，她非得逼妳交出碗裡所有的蝦子，才甘願放手，大家聽到這裡一定覺得：「教她規矩啊。」

沒錯，所以老爸不喜歡咪咪，因為她非但愛跳餐桌，連老媽在烹調狗食當下，也一躍而上到流理台，老爸一氣就拿抓杷子往她屁股「趴搭」一聲。

剛抱回來時還沒結紮，發情了就去流理台裡灑兩滴尿，然後被罵完推下流理台後，她就沿路從二樓客廳開始：「阿鵝阿鵝阿鵝。」用那種極難聽的破鑼嗓子開始往樓上發送去。不知是天性使然還是非常故意，我常覺得老爸大概快要被她氣到心臟病發倒在地上抽蓄。

「就帶去結紮不就沒事了？」對對，後來就送去結紮，醫生給她開了一條長約八公分的傷口，對一隻貓咪來說，這傷口真是大了點，那是咪咪少少上醫院的紀錄，回來後讓她住在大籠子養傷，三天，她幾乎不敢動，一直端端的

趴坐著，偶而走過去看看她，她冷竣生氣的說：「痛死了，你們到底給我怎樣了？」真的不騙你們，她每次都生氣發出嗚嗚的警告聲叫我們不准再過去幸災樂禍。

　　三天過去，咪咪出籠子，雖可以走動但無法像以前一樣跳躍，（醫學越來越進步，現在的傷口都盡量縮小，多數醫生將縫線縫在裡面，讓術後狗狗貓貓幾天就像活龍一般）。自從咪咪結紮，阿鵝就搬走了（誰是阿鵝嗎？）傷口痊癒，她輕盈的步伐繼續，很少有機會看她在跳躍的過程中跌落，她總是很有自信，喜歡跳到電話機上，如果妳正在講電話「科拉」一踩就切了你的電話，然後對著妳喵喵叫：「幫我開窗，我要出去吹風了。」

　　我們將窗戶連同紗窗打開，咪咪踏著輕盈的腳步走到一排種了幾盆花的小窗台邊，恣意的讓微風吹著她短短的淺白毛，然後瞇著眼睛看看樓下人來車往，偶而就在窗台走來走去，過了一會兒，她就會來抓抓紗窗：「可以開門，我要進去了。」

　　這種二樓小窗台對她來說是 a piece of cake，有時老媽到六樓陽台弄弄小花盆，她也會跟著屁股後面去，然後輕輕一彈，就這麼給你跳上圍牆，走了兩趟後再到圍牆轉角呈現 L 型空間稍大的圍牆角去打滾，說打滾真的沒蓋你，我只是靠在圍牆就軟腿了，她竟然敢在那裡打滾？打滾完就躺在那做日光浴。

　　我房間裡爆高的衣櫥也只有她能跳得上去，她會轉接兩個點，先跳到我的書桌、然後書櫃，最後一蹬蹬上衣櫃一睡好幾小時，阿嗚跟後來的 poly 只能乾瞪眼，民間傳說貓有九條命其實應該是她們柔軟身體，可是，貓咪遇到創傷還是一樣會送命的，不要讓貓面臨危險的處境喔。（勸世語）

　　咪咪雖從小飼養，但野性重，不喜歡像寵物貓一樣被抱著，不喜歡抱，也不能鬧，一鬧就鬼鬼叫叫的出手打人，尾巴更是碰不得，小時候大概過敏還是得了什麼疹子之類的，不斷的轉圈咬著自己尾巴的後半段，過沒多久，那一小段竟然掉了，從此她對尾巴非常敏感，有時白目點會故意用手指假裝剪尾巴，她會氣的轉過頭來猛打猛叫直到妳的手離開為止。

　　這龜龜毛毛個性倒也還好，喜歡吃蝦吃炸雞也不奇怪，但是喜歡吃香菇吃筍子而且平常沒事喜歡咬襪子咬布偶，然後邊走邊藏他的收藏物發出奇怪的喵叫聲，真的是只有她這麼奇怪吧？一盤香菇肉絲，她把手伸到盤子裡，認真的用指甲勾出自己要吃的香菇，一口接一口，將盤子裡的香菇吃掉一半。玉米整支水煮，湊過頭來，乾脆剩下半支放桌上讓她盡情的啃，筍絲湯就要喵喵鬼叫，然後撈出一些放桌上讓她養生……

　　買了菜回來，整隻貓栽進放菜的 5 斤紅白塑膠袋裡，

開始將新鮮蔬菜用盡全力能啃的多難看是多難看，吃蔬菜很好，但這菜給我老爸看到又要倒在地上抽蓄一次，這時看著文章的朋友一定會在心理想：「妳就拿幾支出來給她吃不就解決了？」這姑娘不吃單支的，兩支、三支沒興也趣，會繼續擠向裝了新鮮蔬菜的大袋子，將他自己塞在那個應該可以吸到許多芬多精的空間裡。如果我剛買菜回來，他整隻塞進袋子我是不管的，因為我就將菜洗乾淨一點，這時我跟朋友們說：你、你或你（手開始亂指），如果你們來我家，我作菜給你們吃，一定是咪咪沒啃過的，請不用擔心。」

　　老爸臉青筍筍的說：「我們吃的東西，還要她先吃過？」這時候咪咪如果還膽敢跳到餐桌、或是電話機上橫躺，老爸就會邊指責，然後拿著抓耙子等她晃過來，咪咪久了也學聰明，有時候在餐桌上慵懶著，聽到那慢慢走樓梯的聲音，會先鬼頭鬼腦確認是不是那個管她管很嚴的老傢伙，如果是，她摸摸鼻子心不甘情不願跳下桌子另覓他處休憩，如果不是，繼續安心的躺下來。但她有時候可能忘了，或是想測試會不會被罵，所以仍賴在桌上，老爸就拿著抓耙子等她，咪咪張開眼睛一驚：「喵」的一下腳底抹油開溜，有時已經被「趴搭」打了屁股，就不高興的到旁邊邊舔屁股邊找位子睡。

　　喜歡咬襪子咬小布偶咬手機套一切的棉製品，所有可

以咬在嘴裡的棉製品她都認為是自己的獵物，含在嘴裡後上下樓梯的發出：「嗚，哇，嗚ㄠ」又是一陣壓低脖子低沉的怪叫聲，有時她看見有人經過，還會緩緩的放下戰利品然後等人離開再繼續：「嗚，哇，嗚ㄠ」，等她心滿意足，就會隨意將這東西放在她自己也忘記的地方。

所以那些從 7-11 換回來的小熊、Hello Kitty ，穿過還塞在鞋裡的臭襪子被拿出來遊街，以及我洗澡用的頭巾、髮飾、手機套、椅腳套等等，常會下落不明。我媽常會上樓說：「你那東西要收好啦，每次都要到處撿，我給妳用塑膠袋裝起來了。」然後丟了一個裡面全是咪咪帶走失而復得的小物袋。

有一次在房間裡，她又繞進來看到襪子，眼睛一亮，就開始「嗚，哇，嗚ㄠ」，默默咬在嘴裡就想走，被我搶下來，這傢伙棄而不捨又再咬一次，又被搶下來後，我們順勢將房間門要關起來，咪咪悻悻然走出留下一個縫的房門，這個縫突然快速且準確的伸出一隻小白爪「叮」的一下，襪子消失了……是的，消失了。

老爸有時真的很煩人，總沒事找話題，怎麼看咪咪都不順眼，每天都會聽到他帶有點外省腔醞怒的說：「這貓真奇怪，哪裡不去偏要上桌子？」或是：「電話機都壞了，老愛往那兒跳！」還有：「養這貓要幹嘛，籠子裝起來給她帶去丟掉了，煩人的要死。」這些話就這兒那兒轉的，反正

他不喜歡，怎麼看都不順眼。

　　動物能狗腿一點還是無往不利的，老爸對狗比較沒有意見，除了「小狗狗」外…貓咪像阿嗚、poly 乖巧也比較得人疼，不會鬼叫，很少跳桌子、電話、電視機，也不會撲到買菜的塑膠袋裡狂嗑菜，或是半夜跳上桌子偷吃東西結果把碗打破在地上。有時真想不通，咪咪在家裡住了 10 年，為什麼她就不能親人一點、乖巧一點、會看眼色一點？而且你別看她一副不得人疼、可憐兮兮的樣子，他還是全家最挑食。除了自己選過的青菜、肉絲、蝦子以外，飼料一定要全新拆封，這時候大家聽到這裡已經想走了吧！還全新拆封勒？這怎麼敢給老爸聽到，小包裝試吃包才拿回家，她就像個磁鐵一樣擠過來，伸出那雙很愛勾的小白手，邊叫邊拉，一刻也不能等，如果妳還不拆，她就自己開始咬破袋子，而且一定能咬破得手，這樣也沒關係，試吃包就留給她，吃了一半後用橡皮筋圈起來或保鮮罐倒出的，就給你冷淡的表情：「味道不對，不吃了，拿走吧！」

　　我們把旁邊的囉囉們叫過來，吃掉咪皇后退掉的食物。哪那麼好啊，每天都有試吃包勒！飼料也換的好些，現在都伺候她們吃皇家或希爾斯（當時沒有法米納、渴望那些）。而每日剩下的飼料就拜託那已經胖成一顆球的三花貓poly 來解決，每天那場面都是一樣，倒了兩碗飼料，咪咪吃一半，剩下一碗半 poly 完銷。

　　咪咪的這整篇，好像極盡所能把她的壞話昭告天下，還好她不識字阿；這 10 年來從未離家（算是鐵了心跟老爸耗下去），一個常說：「她還沒死我都先去了。」除了結紮那次進了醫院，剩下就是在家裡打過預防針，滴過貓 FIP 預防滴劑，點過每點必飛的蚤不到……剩下的，都是穩妥在家裡度過，沒給我們找什麼大麻煩，夏天開窗吹吹風，到冷氣房外撈點冷氣享受一下，冬天躲上衣櫃一睡幾個鐘頭，或是擠在電腦桌與電腦主機中間的「小小閣樓」取暖，咪咪的生活很簡單，瘦不拉譏的挑食貓就這樣安享晚年。

　　（編按：咪咪一直到 19 歲過世）

第六章：Poly

　　前文一直提到 Poly，若還不趕緊介紹她出場，想必躲在幕後一定不耐煩了，就一起來揭開紅色布幕吧！

　　2006 年，老媽仍在緩慢的進行捕捉街貓 TNR 計畫，我幫忙借到誘捕籠，就讓操作很久才上手的老媽去試看看，沒有誘捕籠時，她用外出手提籠抓，方法是：1.先跟貓咪培養感情（餵食幾個月以上通常可以）2.尋找比較親人的貓下手，當貓咪在吃飯的時候，她用比平常矯健靈敏的手腳將貓快速的捧進手提籠，貓咪還搞不清楚狀況的時候門已經咖擦鎖上，然後開始在剛發動的摩托車裡鬼叫：「怎麼了，要帶我去哪裡？嗚一ㄠ」貓咪結完紮帶回我家，好了以後原地放養，有的一住就近個把月，她才依依不捨放回去（夠了哦這位太太家裡真的太滿）。

　　她常會跟我說餵食貓咪的區域中，哪一天哪一隻貓沒出來，或是幾天沒出來她就問了附近住家、溜狗的路人甲、乙，會有人跟她說：「上禮拜有看到路邊有隻貓被車撞了」之類的，那她大概心知肚明知道出了意外，有些消失了，無影無蹤不知去向。

　　有的時候是提到哪隻生了小貓不久後就帶小貓出來覓食，然後說小貓常常病了或意外死亡。流浪貓要順利長大不是件容易的事，家裡後巷走到底右轉走到底再左轉後到了路口右轉的那個廟（累），有隻肚子大大、永遠搞不清楚是快生了還是才生完的三花母貓。個性親人、慵懶，有著一張圓圓臉，以及紅咖啡色較多的毛髮，餵食時會給老媽摸，所以過了不久，貓咪就到了提籠進醫院，這隻貓仍然是肚子大大，油肚都垂到了地上差點滴出來，到醫院請醫生確認一下這貓是生完沒生？還是什麼都沒有就是胖？醫生一看就猜測是懷孕了，於是拿起超音波掃了掃，抹上淺水藍看起來很可口的傳導膠，螢幕正跑著畫面中的影像：「有了，恭喜妳要當阿嬤了！」醫生揶揄的說，嘴裡還帶著一種忍不住笑意的氣息。

　　「沒有看錯厚？真的有小貓了喔，幾隻？」老媽沒有我們這種的驚慌失措，似乎真有預備要當阿嬤的樣子。醫生認真的指給她看：「妳看，這小小一個一個就是小貓，應該有四隻還是五隻。」繼續掃瞄並仔細瞧著螢幕上感覺似乎一動一動的小花生米。

　　確定胖貓這次真是懷孕，將還搞不清楚狀況在檯子上算是悠閒的貓媽裝進手提籠裡，然後想想該怎麼做？因為家中還有一隻也是抓了才知懷孕的淺色貓咪，剛生產而已，這下沒有地方再藏，若帶回家被老爸發現，應該連貓帶人

一起被……，眼前只好先暫住醫院，趕緊上網求救，將這棘手並緊急需要尋找待產中途的想法貼上網。

　　非常幸運，應該說竟然有這般渺茫的機會，網路一處傳來回應，有一位大略問過貓咪狀況的朱小姐，一口答應要讓貓咪住到生產後，這實在令人振奮。晚間，我與老媽兩人騎車載著五口、六口、還是七口（雖然那幾口子還像花生米一樣），一起到了朱小姐租屋處，這裡離家裡幾分鐘車程，是一個電梯大樓，戶數不多，但蓋了 12、13 層左右，傍晚吹著熱氣已退散的微涼風，提著貓，與下樓來領我們的中途朱小姐乘上電梯，電梯上我們自我介紹，我首先發言：「朱小姐，很謝謝妳願意幫忙，真的是幫了大忙！」臉上帶著誠懇而感謝的笑意。

　　我繼續說：「這是我媽，母貓就是她抓的。」感覺像在說：「人是她殺的」一樣，老媽一臉尷尬的笑了笑：「我都固定在餵的流浪貓啦，想說結紮不要讓她們再生了。」

　　「對啊，我媽很會選時間，每次都抓到那個準備要生的貓。」我給了老媽一支冷箭（但我猜測懷孕母貓行動較緩慢，比較容易捕捉）。

　　電梯很快就到，東看西看也壓低嗓門：「這棟不大，但戶數不少耶！」快速的觀察，「這棟有幾層是專門做套房，所以戶數看起來很多」朱小姐邊說邊拿鑰匙開啟房門：「嘿，皮蛋。」門裡坐著一隻狐疑不已的貓，他好奇這個五坪大

的房子怎還會有其他的人類？而中途姊姊就像父母親看到
自己兒女一樣相當開心。

　　貓咪仍在打量我們，朱小姐一把抱起有點緊張的他，
跟皮蛋問好以後，接下來開始商量要將母貓安置在哪裡？
這套房設計算是溫馨，除了房間與迷你衛浴以外，還有一
個可以放下幾尺大籠的小陽台，中途姊姊指了指：「就讓她
住這裡，比較隱密，而且我們家皮蛋也不會太生氣。」終
於放下了沉甸甸的手提籠開始聊著中途貓咪的瑣碎事，朱
小姐人很親切，有些圓潤的身材，讓她看起來更具親和力。
話匣子打開不得了了，雖然老媽平常話很少說話又慢，但
提到流浪貓的辛酸事，就也聊了開來，而且雖才見第一次
面，但朱小姐突然揪著心說：「貓咪都是很怕水的，他們看
到水就跟看到什麼一樣，可是，流浪貓因為要填肚子，遇
到那個會餵食他的人（應該是指像老媽這種自由餵食業），
即使下著大雨也會不顧一切衝出來。」

　　還沒講完，她眼眶已經滿是淚水，然後老媽就緩慢接
出一句：「對啊，沒有得吃」（仍然請以台語發音，感謝）。

　　大家低下了頭沉思，是啊，我們只要餓了就有的吃，
有時候餓是為了要維持身材，但許多人卻常跟老媽說：「要
餵不要在我們家旁邊餵，又髒又臭還很吵。」或是「喜歡
就帶回去養嘛！」喜歡？是喜歡，更是憐憫。夜裡，燈火
通明的夜市，等待人潮散去，幾隻流浪犬從旁邊的廢地、

廢屋、充滿蚊蟲的草叢裡一躍而出，努力用他們最靈敏的鼻子嗅阿嗅，嗅出他們僅有的食物⋯⋯

聊得差不多，我們起身時發現兩隻貓都已呈現發呆狀，關在提籠的貓媽媽乖的很，沒發出不耐煩的聲音，再謝過一次：「這段時間要麻煩妳了，我們有時候來看看她可以嗎？」

「好啊好啊，歡迎妳們，如果生了會通知喔！」

一天過一天，有時會在電子郵件上聊天（當時沒有臉書跟 LINE），知道一下「Missy」的最新狀況，母貓媽媽有新的名字，她每天都乖巧的待在大籠子裡不太亂叫，算是很親人的流浪貓，印象中在產前我們再去看了她一次，暑假隨即來臨，中途姊姊打電話來說：「生了，生了四隻喔！」從她的言談中感覺到了喜悅，約好幾天後去探望，為了避免母貓看到許多陌生人有可能會把小貓吃掉的疑慮，產後的兩週我們才正式去看看她。

「現在可以讓我摸都沒關係耶，母貓脾氣好好喔，妳們看，有最好送的橘貓，還有頭圓圓大大的虎斑，這是第一隻生的，之後我要留這隻下來養。」中途通常都是這樣的，養久了又是自己接生的，實在捨不得送人，怕他去新家過的不好，似乎留在自己身邊最安全。我看著朱小姐發亮的眼睛心理默默想著：「自己接生的好有感情～」

兩隻虎斑兩隻橘貓，ㄟ？那這隻是？「我記得妳好像

說生了四隻對不對？」我手指向某一隻長的完全不一樣，像媽媽那三花顏色、眼睛好像還沒完全睜開的小小貓，「對啦，都忘了說，這隻是母貓媽媽隔天才生出來的，晚了一天，他是 7 月 5 日生，這個很好記，反正領薪水的日子就對了。」我捧起這隻小三花對她拍了幾張照，好奇的看著好像只有一隻是睜開的眼睛，然後跟旁邊的兩位討論：「她那是大小眼還是沒開眼？」我感覺大家不想理我，繼續沉浸在可愛小貓的幸福中。

　　七嘴八舌討論小貓的可愛，然後母貓 Missy 仍然她的一派姿勢無動於衷，其他的小貓拍完照，就承諾中途說要回去貼網路預約送養了，母女倆離開那個像是月子中心的小小套房，摩托車上一路都討論著小貓，貓咪這麼可愛果然很快有人詢問，更甚台南永康某動物醫院熟識的醫生、與那時候還是女朋友的醫生太太直接到中途家帶回兩隻小橘貓，他們說：「太可愛了，一隻留著醫院養，一隻就放在那裡讓客人領養。」兩夫妻人都很溫和、善良，也常常給義工們優惠。

　　五隻幼貓扣除這兩隻，再加上中途想要留下的虎斑大哥一大頭，就只剩另一隻頭小點的虎斑以及小三花，小虎斑馬上找到新主人，那剩下的三花呢？先賴在中途家，然後我們也繼續上網找人領養，過了幾天接到中途姊姊的電話，她很委婉的說：「那個，因為小三花實在有點太會叫，

所以，可能要先拜託妳接回去了，Missy 我想帶去我阿姨那邊一陣子，看看阿姨能不能收養她？（不管能不能，我都很感謝妳阿！）當晚硬著頭皮將小貓咪直接提到樓上客廳，老爸一聽到小貓猛鬼叫的聲音就不高興，於是小貓來的頭一天，我們就先吵了一架。

儘管老爸已經憤怒為何我們又帶了一隻貓？重點樓上的流浪貓小花，生了小貓他都還不知道喔！然後偏偏小三花還在手提籠裡面叫的跟什麼一樣：「哇，哇，哇哇，哇，哇，哇哇…」就這麼沒停也搞不清楚外面砲火已開，反正帶都帶回來了，就讓小三花先住在客廳，我們在客廳放置了一個黑色塑膠鐵籠，讓她像以前在中途家一樣住著，這麼小又剛來，若不這樣關應該會被家裡的狗鬧死。

小貓咪體型很小，有可能是因為她是最後一隻小么女，除了叫聲宏亮以外，總覺得她看起來少了點生氣，人家都說小貓小時候若是體弱多病，通常會很難長大，會進入「物競天擇」「適者生存」的大自然定律。

小貓取名非常順利，那天晚上我在衛視中文台看到一部很溫馨的影集「阿鸚愛說笑！」阿鸚是一隻會說人話、聰明漂亮的藍冠鸚鵡，他的第一位主人是一名叫瑪麗的小女孩，由於他會說話，所以父親為了幫助小女孩克服口吃而將他買了下來，他雖然幫助小主人克服了口吃的毛病，但是瑪麗的父親怕她過分依賴阿鸚，因此將阿鸚送人。阿

鸚對小主人念念不忘，於是不放棄的展開萬里尋主的冒險旅程，一路上他遇到了很多好人、壞人，也差點送了小命，過了很多年，終於有一天他飛回家，但找不到小女孩以為已經人去樓空，傷心之餘，只見一位美麗的姑娘在他們家門口，忽然間：「Poly」，美麗的姑娘叫著他的名字，原來小女孩長大了，最後一幕他們開心相擁的回到家中，看到最後就哭了，所以當下就決定小貓叫 Poly 吧！看到這裡，大家一定想來看看這部片子，不過沒哭的話是正常的，因為我連看 ET 結局時也會哭。

小貓住在櫃子上的鐵籠裡，裡面有貓砂盒、睡覺的小窩，吃飯的工具，後來因為覺得她看起來有氣無力的，所以又裝上了一個保溫燈，她的家什麼都有，也算是舒適，只不過常關起來的缺點就是容易在潮濕的環境下長黴菌，看起來毛少了些，而且她的心跳、呼吸似乎過快，感覺好像就要喘不過氣來，於是我們帶她給獸醫看看，這第一家獸醫帶著一些同情的語氣：「小貓咪本來就不好照顧，這隻天生身體比較虛，妳們有盡力就很好了。」

這句意思不就是：「她已經準備進入適者生存的狀態，不用太自責，自然就好」的意思嗎？離開了這家醫院回到家，放她出來走走，有時也帶她到房間裡，二姐甚至都將她放在自己睡的毯子旁一起取暖，小 Poly 很乖，總是安安分分的在一旁休息。隔了一天，我們又帶她到另一家醫院

看診，那位醫生同樣說了：「這隻貓咪活不久了，帶回去照顧好了。」

這是說我們不用再多做努力這樣就好嗎？想想，再帶去第三間醫院，醫生說：「這個要住院打點滴，看起來很虛弱，不住院恐怕撐不過去。」

打點滴喔？這麼小若打上血管的話？開始想著這麼一隻小貓，戳著小血管要上點滴的畫面，這真是進退兩難啊！（ㄟ，也不是說很難，只是想知道到底問題在哪？去做解決才實際啊！）幾個女人商量以後，決定再帶 Poly 去第四家醫院，這家醫院之前曾帶狗去過，但也真奇怪，獸醫師紅茶郭（當時剛認識紅茶郭）竟然跟我們說：「她很好啊！不用怎麼特別照顧，帶回去就可以了。」

「沒有啦，前面的醫生說她快死了，而且，你看看，呼吸比較快耶！」我跟姊姊反駁了他的話。

「小貓呼吸的頻率有時候看起來會稍微快一點，這都還是正常範圍！」他有耐心的解釋。「不行啦，我們覺得這樣她會死掉，可不可以讓她住在這裡兩天，你們照顧看看？」因為這幾天提心吊膽了，實在不敢這時候帶回家讓她自生自滅，應該說是讓她適者生存？反正就這意思啦！

紅茶郭雖然覺得沒必要，但也答應了要照顧她，每天，我們都去看看 Poly，發現她與平日相同，沒有比較好，也沒有惡化；不活潑也不搞破壞，總是靜靜的窩著，在醫院

期間沒有打點滴，就是吃一些營養品來幫助身體更強健。
第三天，我們跟 Poly，就這麼莫名的住了院又出院。

　　她繼續住在自己的小套房裡，但每天都會放她出來玩
好幾小時，不知什麼時候開始，她頭上的毛髮開始禿掉，
身上的毛也掉的厲害，一兩週下來，早已變成 ET 頭，看起
來就像月球表面，又黑又平滑，（月球表面應該這樣沒錯吧！
我才疏學淺，請大家幫忙糾正！），又帶去醫院，這次紅茶
郭跟院長都搖搖頭：「就黴菌啊！吃藥擦藥一陣子就好了。」
開藥的同時，也正好有客人詢問貓咪領養事宜，我跟院長
說：「這隻也有在送養哦！」這時他用不可思議覺得我竟然
敢開口的表情說：「這個樣子要怎麼送養？毛長出來再說
吧！」被嫌棄的我、Poly，就帶著藥回家，開始毛髮修復、
除黴大作戰。

　　開始服藥後，月球表面上長出幾根草來，雖然有吃藥
有擦藥就能好起來，但在這裡還是容我提醒一下，黴菌是
會傳染的，因為過了幾天，二姐的臉上就出現一個圓形傷
口，奇癢無比，沒錯，這個大概像一元硬幣那麼大的傷口，
就是黴菌，由於之前二姐都跟 Poly 一起睡枕頭，當然就互
相傳染。而我手腕上數三公分處同樣也長了一個一元硬幣
大的黴菌，搞了很久才完全把他給除掉。

　　時間有多久喔？大概一個月吧！我的還算好喔，以前
紅茶郭當完兵回醫院工作不久後，也曾在手腕處感染，這

擦藥擦到起了頑固的抗藥性，想說去看人醫的皮膚科，開了藥也都沒有太大幫助，剛有起色就又發作，來來回回看了兩三次，到最後又更換藥物才漸漸好轉，這期間大概綿延了三個月，那真是揮之不去的恐怖菌種啊。

　　Poly 皮膚開始好轉，看起來頗人模人樣了，漸漸的，總算網路上開始有些回音，收到一兩通電話，其中一通，是一個成大女學生，她說認養貓咪，是想帶回去台北陪媽媽，因為媽媽也喜歡貓，她的聲音很誠懇，所以就先將 Poly 帶到家旁邊的銀行讓她們見見面，女學生算是喜歡，所以我們承諾一週後再來帶貓。但誰曉得呢？我這老媽聽到消息竟然微微皺眉：「不行啦，台北比較潮濕，萬一又得黴菌怎辦？人家就不喜歡了啦！」（寫到這裡台北的朋友不要打我蛤！）

　　我拉起嘴角略顯不耐煩的說：「那最好人家台北都不用養貓、養狗、住人了，還潮濕勒？真這樣也會帶去給醫生看啊！」

　　老媽被吐了槽，雖然還想說些什麼，但是只用：「妳好好考慮清楚」的表情看了我一眼，後來，又有一位住在台南安平區的阮小姐，她覺得 Poly 的臉蛋還挺可愛的，再認養一隻是為了陪家裡另一隻貓，所以我們也約好看貓，雖然這兩通電話認養電話相距不久，但因為已經答應前面那位女學生，所以當阮小姐來看貓時，我提出門口的，竟然

是一隻黑白賓士乳牛男生貓，他的名字叫東東，鼻子上有一撮像胎記的黑色短毛，就剛剛好在白色臉孔中鼻孔的側面，看起來很像臉永遠沒擦乾淨，當時還被朋友們戲稱鼻屎東。

　　鼻屎東是這麼來的，某一日我騎經過離成大宿舍很近的一條馬路，這條小東路的中間有一座可以種上花花草草的大分隔島，晚上經過時卻聽到：「妙妙妙妙」急切而不間斷的小貓叫聲，我先騎了回家然後趕緊叫二姐陪我去看看，提了一個籠子，將摩托車停在兩側人行道，趁著縱向是紅燈的狀況，小心翼翼的走到分隔島，黑色的小矮叢要看到東西還真不容易，所以我們就在分隔島那裡仔仔細細聽著聲音來源，追蹤了聲音，就靜靜的翻開樹叢，然後打算一把抓上這隻仍在「妙妙妙妙」個不停的小傢伙，計畫是計畫得好，二姐也從頭到尾提好籠子準備等我捕獲貓咪。幾分鐘後，終於給發現一個貓影，手一伸過去，他就往另外一個樹叢藏匿，我有點急：「這位同學，你可不要給我跑馬路上去蛤！」我警告了他。

　　但我想躲貓貓這個遊戲之所以被這麼命名絕不是空穴來風，他就這麼一個草叢一個草叢的躲，而我們都得要等到縱向這裡紅燈，才敢再去追捕，「你一定要把老娘搞這麼累嗎？」我火了，挽起袖子更加快狠準的抓，這時，有一對男女朋友，從宿舍走下來到了對面分隔島這裡說：「妳們

也是來找貓的嗎？」這對看起來有有點斯文的男女朋友表示：「我們在樓上一直有聽到，想說下來看一下能不能幫忙。」太好了，女生就幫忙看來車，我則跟男生一起抓貓。

　　能多些人手幫忙真是件好事，至少我不用一直擔心來車的問題，兩人一起埋在矮樹叢裡抓，對於這隻搞不清楚為何他會在這裡，又為何不敢過到對面的小貓應該很有壓力，小傢伙，你只要過了馬路就是成大校園，那裡很安全，沒有必要在這裡哭天喊地，但是也要有壓對籌碼的決心，否則可能全盤皆輸！

　　我們每每再找到他一次，就會趁沒有車的時候，男生快速翻開樹叢而我得更快速將雙手伸進去撈貓，奇怪，不過就是撈一隻貓有這麼難嗎？別小看貓咪躲藏能力及矯健的身手。

　　我們繼續徒手撈貓，他意識到生命可能出現危機，所以再不敢出聲，只有拼命躲藏，這時候，貓咪真的瞭解到他該下注，往對面衝也許比被這兩個怪人抓到要有機會一點，果然一大箭步往情侶們來的方向衝去，一隻惶恐又不懂得直接衝到對面的小貓咪，在這個馬路如虎口的交叉點會發生什麼事？他躲到正停紅燈的計程車輪旁，依我們估算剛剛這裡是紅燈的時間點，現在應該要亮綠燈了，計程車放了煞車預備踩油門，急了，不顧別人眼光，兩人猛力大叫配合著大揮手，然後一邊往馬路奔去：「嘿！等一下，

有貓！有貓！」從分隔島衝出四個人又慌張的大叫揮手，讓這向所有的車都先暫停了，我們朝著貓咪狂奔，追捕讓他往對面人行道去，終於，他離開這個恐怖萬分的馬路，到了人行道後，看著追過來的我們，早已分不清左右去向，剎時間往圍牆上一跳，所謂的狗急跳牆，但小貓咪可能已被嚇得腿軟，再加上圍牆頗高，這麼一跳，就讓他掛在圍牆上猛力勾著爪子往上翻越，卻怎麼翻都翻不上，我喊：「籠子！」

　　一把抓住滿口哀嚎的小貓咪往籠子塞，乎！大功告成，此刻我們也腿軟了，蹲在地上仔細瞧瞧這隻貓倒底長得什麼樣，就是隻三個月大的黑白貓嘛！跟情侶黨道過謝也互留電子信箱後，看著貓，想是不用討論貓的去處了，只好先帶回家壓壓驚，那天還真是背，帶著一隻貓加上體力大失，在回程的半路竟然摩托車給他熄火，姊姊的小灰是也有跟我們一起抓貓哦？就這樣在摩托車行早已打烊的夜間近 11 點，一人提著籠子，一人牽著摩托車哀怨又有點滿足的慢慢走向回家的路。

　　那天夜裡回到家，將貓咪放在五樓琴房隔壁那間狗喵中途室兼具洗衣室及小冰箱、小烤箱、烤麵包機、微波爐的小房間（這抬頭還真長），因為還有小花暫住，所以先將黑白小貓關在幾尺大的籠子裡，家裡共有三個大籠子，一個是朋友搬進法拍買的屋子後，舊住戶留下的，另外一個

白鐵是送出去的貓偶而來寄宿，飼主兼朋友捐給我們的，另一個也是白鐵，倒真的想不起來是怎麼來的？後來那個黑色烤漆的因為太占空間而捐給愛心媽媽養狗處使用，剩下兩個白鐵的比較耐用就疊在這五樓小房間裡，這樣新來的貓住上層比較不會被下面的猴子軍團嚇死。黑白貓因為在小東路救回，所以命名為東東，（Poly 妳的版面再借一下，東東快說完了）

剛開始住在家裡的東東非常緊張，才從可怕的馬路回來的驚悚氣息還在，整隻貓恐慌、侷促不安，臉看起來歪歪斜斜的就覺得很醜，鬼叫的聲音非常宏亮，大到家裡其他貓也都來參觀詢問，也許從小流浪沒被關過，扒著籠子上上下下一直鑽，我們把頭湊過去就對著我們哈氣：「哈，哈，哈！」

各位朋友，他這不是在笑喔，養過貓的就知道這純屬警告意味。但很特別的是，東東緊張野性的習氣很快不復存在，第三天，當我們拿飼料去給他時，他已經說：「妙妙妙妙，親愛的婆婆媽媽我要吃飯了。」叫聲變的撒嬌、輕聲細語。再過一週，他不僅可以放出籠子，而且還變成家裡最親人的貓，會走到你腳邊蹭蹭，可以抱抱他，捏捏那個俗稱鼻屎東的鼻子。

所以那天提出去給安平阮小姐看的就是這隻東東，雖然東東大概已有四個月大，不再是那種圓滾滾的可愛小貓，

但阮小姐卻客氣說：「沒關係啦，不是 Poly 也可以，反正只是要陪家裡的叮咚。」叮咚是家裡的貓，因為另外一隻老貓過世，擔心叮咚會太孤單，所以需要在出門上班時有人陪伴，因此，東東就這麼莫名的被提走，然後在人家家裡當起少爺，過了一段時間，阮小姐寄了電子信件給我，東東已經改名叫嘟嘟（因為怕與叮咚名字太接近），照片裡一張張四腳朝天翻肚子的得意沙發照，知道他過得非常幸福，我總是在電腦前微笑的看著這些照片。Poly 陰錯陽差的沒去這個幸福家庭，反倒是撿回一條命的東東賺到了一生幸福，每天老媽都會在我耳邊說：「那個小姐真的要來帶 Poly 喔，我看不要啦，台北那麼潮濕，再送給近一點的好了……」

「太太，妳說的還真容易，說送就送喔！妳以為網路貼一貼就一堆人排隊喔？」

老媽不知道網路是怎麼回事，只知道自從有了網路送養這東西，家裡的貓狗的確鮮少滯銷，殊不知每一次她帶回來的狗狗喵喵，都是她女兒早上努力拍攝可愛照片，半夜含辛茹苦坐在電腦前貼圖寫文面談送出的。

記得 Poly 大概被老媽這麼說了幾次，也真沒去成台北，在我家黴菌全好了，有天發現這隻小小貓身體開始拉長，看起來似乎漸漸長大，這認養電話也隨著她的成長銷聲匿跡，而個頭小的她開始穿梭在我們家每一個角落，Poly

個性溫馴、黏人乖巧，老爸也算喜歡她（難得啊！）再更久之後，我們就送她去動物醫院給紅茶郭絕育，那天是老媽帶去的，這老人家總是比較容易緊張，據紅茶郭描述，從 Poly 麻醉昏過去帶進手術室以後，就不斷有位中年太太躲在手術室外面偷看，一會兒，這位太太悄悄打開手術室門：「醫生阿，還沒找到喔？」

那時候肚子才剛開了個孔，醫生們盡量將傷口開到最小，然後用戴上手術手套的手以勾針慢慢往裡探，等找到了整付子宮，再緩緩拉出並以止血電燒方式將子宮卵巢分離，此時出血量少且安全，但換句話說，若正在發情、或者已經生過幾胎的犬貓，會因為子宮變大、充血，手術傷口需要大些，手術過程也會有較大的血流量，以前常聽到有老一輩的的人說：「貓狗都要生過一胎比較好，這樣身體會發展的更健全，之後再做結紮手術。」

但這幾年來，反倒鼓勵早期絕育，母的犬貓以及公犬，大約打完兩劑預防針三週後，年齡約五、六個月以上就可以施行絕育手術，年紀小復原能力強，也因為傷口極小不會太疼痛，當然術後的照顧仍是不可缺乏，而因為公貓常有泌尿道狹窄的問題，就建議 10 個月大或一歲以後再做手術。當然還是有許多不一樣的討論聲音，我的看法是依照紅茶郭他們研討會、學術研究報告以及臨床經驗彙整。

再過了兩分鐘，老媽又悄悄開門用她慢速的台語口音：

「還是沒找到喔?」

紅茶郭忍不住笑了出來:「孫媽媽,妳去外面休息啦。」

這次老媽就不敢再進去打擾,畢竟手術是嚴肅謹慎的過程,有時候家屬過度的緊張,只會給醫生壓力,這也是為什麼人醫不為自己家人手術,因為常會失去冷靜客觀,眼前被麻醉而正要剖開身體某部分的是自己家人,要冷靜,很難吧!

切掉子宮、卵巢以及縫合約莫過了二十分鐘,Poly離開手術室等麻醉甦醒。自結紮後,發現了一個很大的改變,而且至今仍沒有相當明確的醫學根據,就是一她胖了,那個速度是我們始料未及的,更讓我們相信的是遺傳基因,因為Poly的肚子開始呈現球狀,而且油通通的程度幾乎感覺要滴下來,就像她的母親Missy一般無懈可擊。

她順理成章在家裡長大,隨著邁入成貓世界,再也沒有接過任何一通認養電話,而我也不再貼送養文了,陸陸續續,家裡還有其他要送養的貓咪,所以沒有機會也不再推薦Poly。

有時狗狗貓貓的命運就像人一樣,有的人一開始過得不好,但是憑著一己之力以及上天的幫忙出人頭地,日子也安穩下來,也有人成日喝酒抽煙卻活的長壽,而有的人注重養生不隨便亂吃可卻長了腫瘤。

曾經有一次在動物醫院,看到一隻吉娃娃剖腹產,狗

媽媽呈大字型的躺好在手術台上，手術燈往她剖開的肚子照射，醫生細心的從子宮捧出兩個小小吉娃娃，其中一隻健康有力，一生出來就伊伊阿阿叫的是個小壯丁，而另外一隻則與死神搏鬥，天生畸形，心臟等臟器全部暴露在身體上，近親繁殖畸形機率很大，有時就算表面正常，才幾歲卻有心臟病等很難解釋的疾病。搞的飼主身心俱疲傷痛不已，小小狗小小的心臟在外面跳阿跳，每一次呼吸都舉步艱難，身體慢慢呈現僵紫色，獸醫師看不下去，輕輕的為他注射了一點藥，短暫的生命讓他重回彩虹橋。

　　Poly 的人生算安穩，成天在家裡吃吃喝喝，一天要討個七八次飼料，妳見她又胖也吃了，就說：「嘿！吃很多了，不行，晚一點。」

　　然後他看妳在電腦前打字，就藉機過來咬你的小腿肚，弄得你像閃蚊子一樣不斷在桌下跳腳，如果你被打敗了，就去房門口倒點飼料應付，如果她放棄了，就心不甘情不願到電扇旁邊躺著舔腿，然後用生氣的眼神看妳幾眼，這都還好喔，早上若是鬧鐘響了，她會比妳更快跳起來，然後找妳沒蓋到被子的地方，不是幫你蓋被子，而是用力的啃下去，每早上腳阿手臂腰都一定要被用力的啃好幾下，然後我抓了被子全身蓋緊，在一旁鬼叫又沒輒的她就去坐在妳的枕頭上，盯著妳到下一次鬧鐘響，如果妳真的還想好好睡個回籠覺，就只得乖乖的撐著昏沉步伐走到樓梯旁，

一邊聽著她們妙妙妙，一邊準備好幾碗飼料，然後再往房間床上一倒。

Poly 從不曾踏出家門，有時候我回到家，在後門拿東西順便餵餵 happy 及小黃，happy 因為還要討吃的，就會在那兒流著口水鬼叫，這時你就看貓咪們也會排隊走下來，然後從白鐵門探出一顆顆小貓頭，她們來看看姊姊是否有什麼好吃的躲在後面吃（咳，我在家裡是自稱姊姊的蛤！沒人有意見吧！）然後我再像帶幼稚園小班一樣，將這些小傢伙邊叫邊領到樓上，她們追著我的腳步討吃的。

這貓咪一生中總會遇到一兩次出走探險的經驗，想不到，這天是 Poly 不見了。

整個早上下午都沒見貓影就知道不對了，晚間，我請下了班的紅茶郭陪我拿著提籠，整路上邊喊邊找，雖然還不到夜深，但在路上鬼吼鬼叫有點不好意思，叫的太小聲又怕貓沒聽到。以前貓咪出走的經驗，最多都是跑到隔壁的那顆小樹上，叫一叫聽到聲音，半夜再想辦法把躲在上面不敢下來的貓拎回家，但 Poly 那已經發福的胖身體怎麼可能爬高？鄰近的房子，我們都停下來搖搖飼料叫喚，一路上我與紅茶郭討論著為何她會突然不見了。

「會不會還躲在家裡沒出來？」

「不可能啦，一天連吃飯都沒有耶！」

「我猜想她會不會下樓時被 happy 嚇到，一下子就衝

了出門？」

　　其實都有可能，但是貓咪跟狗狗不同，他們會因為受到驚嚇往外躲藏，因為對環境陌生，反而會在家中附近躲藏起來，如果很晚或很早，外面沒有吵雜的聲響，那麼妳的聲音以及他平常吃的食物、器皿的聲音，的確能夠吸引注意。

　　我們走了近兩個小時卻毫無斬獲，再更晚些，換老媽出門找，那天大家忐忑不安的睡了一晚，更慘的是半夜還下起了雨。隔日清晨，我的腦子不知是清醒了沒有，沒洗臉刷牙就走到頂樓去，我們家頂樓有一個大約兩坪大的小小陽台，為了放置水塔而在小陽台做了一座小鐵梯，走上看的見一樓馬路的小鐵梯是挺恐怖的事，畢竟這梯子雖是在陽台空間內，人如果爬到一半往後倒，就可以直接到一樓不用爬樓梯了。而我一打開陽台鐵門不久，就聽到熟悉的妙妙妙叫聲，在放置水塔小平台上蓬頭垢面滿臉滄桑的是 Poly 啊！

　　「妳在這裡幹嘛？」一直在平台上急切的走來走去，就是不敢照原路下來，想必她從這小鐵梯上樓，但一整天卻不敢下來？那個表情我真是好笑極了，踏上幾格鐵梯，然後一把抓住這隻緊張貓的雙手往上一抬順勢往下拉，她可比我緊張，10 支銳利指甲就這麼鉤住我的雙臂然後猛的使力往下狂奔，腳底抹油的往樓下房間躲去，我跟著下樓

看著又餓又渴又疲憊的她，幾個小時後那個慌張神色才開始穩定下來，潮濕又澎鬆的毛髮也才慢慢順為美麗的貓毛。

水塔驚魂已經結束，沒想到，隔日這傢伙又自己再跑上水塔小平台，然後又上演一次英雄救胖的戲碼，那一週，她總共給我上了水塔平台三、四次，搞到我後來只要沒看到她就直接上頂樓去抓貓，這到底是怕還是上癮了？最後她可能也覺得無趣，或是想，再這麼玩下去可能玩出貓命，從此才再沒上去。

Poly 算是親人也喜歡黏著我們，但是洗澡、剪指甲這種事，對她來說只有一句一不可能，有時指甲真的太長了，她就慵懶的躺在地上耐心的啃著手指，自己將指甲剪短不讓我們煩心，畢竟即使到醫院抓著剪，也是夠緊張的事了。

而雖然個性好，但只要五樓有中途的貓狗，她就再也不上樓，要不就鬼鬼祟祟上去，然後打量新來的貓狗後順便大呼她們幾巴掌離去，跟家裡原來的貓也不算太過親近，有時自己設下陷阱鬧鬧別貓，然後沒人理她最後草草結束之類。

她此生交過最親密的朋友就是黑貓小奇了，小奇年紀小小因腹膜炎當了天使，Poly 忘卻哀傷繼續生活著，阿嗚、凱麗、小狗狗們後來也相繼走了，她現在唯一的朋友應該就是獨來獨往的咪咪，他們之間只有互相追逐，最後咪咪會被惹火，大罵兼伸爪子打人，這才讓 Poly 無趣的到人類

的身邊取暖。

　　以前還沒發福時，可以抱起來往上拋幾回，有時讓她往軟綿綿的床上飛去，她認為被欺負了就往我們這邊衝來討公道，然後又被抓起來拋上幾回，最後往床上一丟，她纖瘦的三花身子在床上滾了一圈後再度下來，一天玩個幾回，胖了，這種遊戲就變成只能抓起她往腿上一放，捏捏鼻子一起看電腦，然後過沒兩分鐘她不耐煩的說要下去，連用腳鉤住肚子往上提這種無聊至極的幼稚遊戲都很難玩了，每天她走到哪裡大概就會聽到：「一顆球內！」

　　「我的天啊，她還會再胖嗎？」

　　「你看那隻小胖子」「Poly 妳肚子要掉了。」

　　「不要再給 Poly 吃了啦！」

　　舉凡一切嘲笑在家裡此起彼落，但她每天的模式就還是那麼單純，清晨到我床上咬人鬼叫著討飼料，吃完了就去旁邊洗洗手曬肚子，曬完了再到客廳去坐一坐上個廁所，再回到樓上的小箱子、小閣樓、地板上等處休息午睡，睡累了打呼，然後起來鬧一下別隻貓狗，不一會兒餓了又開始喵喵叫咬人，要不偶而被我們抓起來玩一下，就是這樣一點兒沒變。動物不都是這樣，只要感受安定以及被疼愛的感覺，那種人與寵物之間自然又不受拘束的牽絆就是日常。

第七章：小米

　　2010 年 8 月 21 號下午，動物醫院接獲消防隊通報即將送來一隻狗狗，先通知了，再來就等狗狗送到，醫院也趕緊準備好手術室，心理忐忑著這次來的動物不曉得是否身受重傷？當時這個機制是這樣的，在路上受傷的流浪動物，若是有人通報，在正常上下班時間，就會被送到政府設立的公立動物收容所，那是許多民間愛護動物團體催生下的機制，大部分的朋友一定會想：「狗狗這樣的狀況送到收容所，也一定會被安樂死的嘛！那這樣對狗狗更不好啊！」

　　狗狗當下已無力自救，在路邊只會更恐懼危險，且連基本的醫療可能也沒有，除非能遇到善心人士願意伸手相救。那麼，若狗狗發生意外時已經是收容所下班時間呢？就轉送到指定合作的動物醫院，紅茶郭上班的醫院就有配合，應該很多人覺得送到醫院應該比較好吧？其實醫院也只做較基礎的醫療，例如：止痛、急救、止血等等，有一半的動物到醫院前就死亡，而剩下暫時安頓的狗狗，同樣在收容所上班時間，由收容所公務車載回，除非有人願意

喊：「刀下留人！」

　　掛掉電話不久後，消防車呼嘯呼嘯快速到達目的地，其中一位消防人員提了一個水桶推開玻璃門，從裡面提出一隻頭塞在水桶下的一個多月米色幼犬，消防員用同情及略帶恐懼的語氣說：「好慘啊，腦漿都跑出來了！」醫生懷疑著快步走向小狗，從消防員手中接過小幼犬，而助理工讀生們則有些驚慌，小狗的臉上滿溢著米白色不明物，經醫生一看，消防員說的腦漿是米飯，狗狗剛剛吃下肚的東西橫飛得滿臉都是，當時他已經失去意識，到下一秒就要宣告死亡了的嚴重狀況，而他雖是昏迷狀態下卻不斷發出哀嚎聲，消防員一邊看著醫生處理外傷，一邊慷慨激昂的敘述著：「聽路人說他被撞倒在地上，有人好心拿水桶去那裡蓋著，想說讓車子看到會小心，結果又被撞飛第二次！」

　　我的天，那天這樣聽著，聽的心都揪起來了，我只有碎碎念的問：「為什麼撞到的人跑了，為什麼路人不把他送醫要放水桶？」也許是，沒錢，一想到要花錢就跑了！對啊，肇事的人或許會想：狗狗是自己跑出來的，或是他真的不是故意的，所以就跑了？

　　為什麼不停下面對問題？你的逃避是他的二次傷害阿。

　　紅茶郭說：「脈搏太微弱，可能快走了」雖是這樣說卻沒有放棄，反而加快動作的搶黃金時間，直接往頸動脈打藥裝上點滴：「會不會好，就觀察這兩三天！他有重度的腦

震盪，腦部受損嚴重，如果醒了，也要觀察是否後遺症，是否癱瘓等等……」

住進氧氣箱的米白色小狗開始陷入昏睡，期間偶而會哀叫，無意識的叫很久，然後再繼續沉睡，但是依規定，明天就要送交收容所了……

陷入一片沉默，知道狗狗的狀況根本不可能再移動，何況這舟車勞頓到收容所呢！回到家後我思考了許久，那天晚上跟紅茶郭商量：「把他留下來好了，如果會好就送養，如果不會好，就讓他平靜離開！」

有了共識，知道又是一個責任卻同時也鬆了口氣。到了第三天，他終於站了起來，起來上過廁所然後再睡，這些反射動作期間眼睛未曾張開過。到醫院去看他時，我說：「小米啊，可憐的小朋友，趕快好起來，重新看看這個世界，有很多美好的事物，真的哦……」我替他取了個新名字。

第四天，他仍閉著眼伸舌頭舔水和一點點肉泥，舔兩下後再繼續沉睡，彷彿這個世界跟他沒有一絲牽聯。不過這都算是一些進展，第五天我進醫院時，紅茶郭展開笑臉：「今天可以接他回家了！」

我接話：「是掛了還是醒了？」

「什麼話？張開眼睛了啦！算是醒了！」

工讀生妹妹在一旁很 high，她說：「我看到小米張開

眼睛就一直大叫，小米，小米，你終於打開眼睛了，快看看我！」醫生說：「他第一個打開看到的是誰？」

「我，我，是我！」工讀妹妹非常得意的舉著手說。

「那妳帶回去養！」

「我們家有八隻了！」

8月25日那天起，小米正式住進我家，將他緩緩的從粉色塑膠外出籠抱出來，再裝進中途狗貓剛來時的大鐵籠，剛來的幾天，他仍是繼續睡，很少時間醒來，我想那是他第一次有家吧！幾天下來開始有了食慾，可以吃下一整碗泡飼料加罐頭，期間除了餵藥，我也會加進營養劑跟一些羊油，有時他還像是半夢半醒，叫著非常奇怪的聲音，像是貓跟鵝混血的聲音。奇怪的是，隨著他越來越康復，叫聲也逐漸減少，郭醫師臆測：「有可能當時的他並未真正醒來，而是仍在夢境裡，」像是夢遊吧！

近一週後，他開始會像幼犬一樣正常吠叫，醒來的時間也越來越多，而且開始厭惡我將他關在白鐵籠裡了，於是只要有人上樓，他就會聲嘶力竭的吠叫，吵著要出門要自由，我試著讓他出來，將小房間的門關起，讓他有幾坪空間可使用，他學會了小跑步，我要將小房門關起時，這小不點就奮力往門口衝，通常都是滑倒居多。但還不能讓他自由出入有兩個原因，一是他的疥瘡非常嚴重（算級數高的），二是怕他從樓梯掉下去（再摔個怎樣我怎麼交代的

過去？），有一次颱風來襲，那個門可能沒有關的太緊就被吹開，一整個下午，他都自由在兩個房間中遊走，也送了一陀黃金在隔壁琴房，從那天起就讓他自己進出不再關門了，當然也因為沒有關門，他得常常挨 Poly 跟咪咪的巴掌。

　　小米每天待在家裡，能接觸的就是我或家人，他對我們漸漸信賴，我觀察著他的一舉一動及個性養成，先從餵藥開始說好了，通常餵狗狗吃藥，要不是將藥丸拌在肉罐裡，要不就是扳開嘴來塞往喉嚨，第一次扳開小米的嘴，他該該叫的往後猛退，再一次他就動嘴轉過來咬了，我怔了一下，這隻狗狗不是才一個多月大嗎？

　　而後陸續發現，要抱他不能碰到嘎吱窩，不能弄到尾巴或屁股部分，手跟腳也不能拉，那這是怎樣？正在吃飯也不可以打擾，飼料掉到外面，我將顆粒撿起往碗裡丟可以接受，嘗試像抱一般小狗一樣的抱他，也不喜歡會一直掙脫，最後如果抓著嘎吱窩就瘋狂轉過來咬人了，他是真的掀牙齒皺著鼻子哦！

　　很兇的怪癖開始在家裡傳了開來，有時候我在樓下打電腦，聽到老媽在樓上跟狗打架的聲音，持續聽到小米猛吠猛兇的聲音，上了樓，他若無其事高興的來向我搖尾巴蹺屁股，然後老媽說：「他咬我，還不輕耶，只不過弄個飼料而已！」

　　他咬我媽，我媽就揮手打他屁股，他更兇，就這樣一

來一往，直到放棄……當然他並不是只有缺點而已，也還是有很多幼犬的可愛之處，例如咬拖鞋（這算是可愛之處？）他看到我的拖鞋就一定會千方百計咬下來，然後拿到一個距離兩公尺左右的地方，放好後再來拿第二支，你等一會兒就會看到兩支拖鞋在遠方等妳回來，或是，把拖鞋咬到他睡覺的橢圓墊裡以及他飯碗旁邊，我自己猜測，也許他不希望我離開，所以將它藏在角落。

　　進了浴室，不一會兒轉過頭來也是兩支鞋都消失，放好了鞋他繼續跟前跟後找樂子，說也奇怪，拖鞋從沒被真正咬壞過，倒是像一般幼犬一樣，會翻垃圾桶然後撕碎裡面的紙張，或是將丟棄的茶包咬破等狀況。其餘像是很會喝水，一天尿 20 次以上，很會吃東西很會要食物，白土司等等來者不拒，睡覺不能打擾不然轉頭就咬，洗澡一樣咬人，洗到嘴巴不行，嘎吱窩或四隻腳及尾巴都一樣慘，抱著他最可以讓他接受的方式就是，放在腿上就好不要嬰兒抱，也許他也慢慢在適應，可是我一直不能理解，是什麼原因讓他這麼緊張？還是這是後遺症呢？

　　小米是個很護食的小傢伙，那種程度是吃飯中間或是還在等待食物放到碗裡的前後，都不能移動他的碗，只有我在倒飼料拌肉罐這動作他知道也接受，所以即使急迫的想吃，仍只會在一旁急切等著。我跟老媽都有因為移動他的食物或碗被咬的紀錄，例如今天發生的雪糕事件，老媽

邊看報紙，邊要拿小米的玻璃碗給他放點香草內餡，說時遲那時快：「嗚拉嗚啦！」小米咬了老媽的手叫她放掉碗，老媽放了，手要伸上來時小米繼續跳上狠咬，我在後面：「啪！」揍了他的屁股，然後他若無其事繼續盯著雪糕，在我們家發生這種事不算大條，頂多我媽揍狗屁股兩下子就算，但她說了很重要的觀點：「這麼兇送出去不就把人家咬死？」然後用報紙拍他屁股：「肖ㄟ」

　　一次帶他去醫院給一位想認養的女大學生看，正巧東區巴克禮義工石大哥也來，石大哥習慣用力摸摸頭講講話什麼的，「唉呀～叫小米啊？」先是親切的問候，然後 321：「嗚拉嗚拉！」摸太大力所以被咬了，石大哥故意大聲慘叫，然後繼續想要摸小米，小米更反抗生氣，皺鼻子掀牙齒發出兇狠的吼叫聲沒有停，旁邊很熟識的客人珍妮麻麻也嚇了一跳，那天之後，他偷偷問了郭醫師：「那隻狗狗是不是車禍頭腦有怎麼樣，不然怎麼會有幼犬這麼兇的？」

　　等他再大幾倍成犬後，怎樣的主人可以了解接納他，萬一真的被咬了，該怎麼辦？所以我開始想小米的主人是個壯碩高大的男性，樣子看起來頗嚇人，但卻又對狗有著無比的耐心跟愛心，家裡有大院子，沒有小小孩，大家都能接納這隻變態狗。

　　一天，我在四樓打著電腦，老媽對著剛上樓的我說：「狗仔不見了耶，叫都沒有回？」

我也開始在一層樓加起來僅有不到 10 坪的兩個小房間來回巡邏，真是不見了，可是剛回來在樓下明明還有聽到他嗚耶的怪聲啊？結果一抬頭，他照往常從五樓探向四樓的表情盯著樓下，原來練會了上樓梯但卻沒有勇氣下樓，於是我上樓一把抱他下來，繼續下樓上網打字，樓上過沒幾分又變得吵雜，「汪汪汪，汪汪汪汪，繞繞，繞繞繞」這鬼叫持續了幾分鐘，引了我再度上樓，老媽正忙著找一塊黑柵欄來，邊低著頭找邊唸道：「上樓去抓他不給我抓還一直吠，然後一直跑給我追。」

　　小米看我媽好欺負來著，每次只要我媽上樓，他的叫聲絕對是：「繞繞，繞繞繞，繞繞繞繞繞繞」拉長脖子這款的，所以換我上樓抓狗，這時他已經下了一陀黃金在地上，然後非常得意的轉著圈圈，同樣，我輕拍他的腹部抱起他到樓下來（避免突然的動作驚嚇到他），老媽已找好一塊黑柵欄就硬是給他擺在樓梯轉角處，我們兩個差點要浮起一抹奸笑。

　　小米不能隨意上樓又不敢下樓，所以每天最重要的事就是待在轉角處擔任管理員角色，盯著樓下的一舉一動，包括我們上廁所，準備出門，餵 Poly 他們吃飯等等，若剛回到家，腳步聲伴隨說話的聲音，他就會認真豎起耳朵，然後開始用還帶著幼犬尖銳的叫聲來提醒我們，提醒我們該去找他玩，該去餵他吃飯倒水給他喝。

　　11 月中的某一天，小米離開我家送養到高雄，主人是一個即將年滿 20 歲的大學女生，其實我在心裡早就打定：「應該去個三天就回來了吧～」因為女學生未滿 20 歲，先用了我的名字辦理登記，打晶片那天的早晨帶去洗澡，是幫他戴著口罩洗跟吹風的喔，洗完吹乾讓他自由活動，他整個情緒放鬆許多，最後一劑預防針、注射晶片隨後在後面預備好，那個狀況是這樣的，羅同學在一旁看著，我跟助理妹妹一起準備抓小米來打針，當時緊張的情緒早已瀰漫整個診間，所以只好拿起剛剛的口罩要再戴一次，這次可不一樣了，小米「刷」的一下咬住口罩，而且說什麼就是緊咬著不放，口中發出警告的低吼，就在這一拉一放的對峙當中，終於還是放開來，但也就是同一時刻他轉過來狠狠咬了我的右手虎口處，「阿呦！」我心裡慘叫一聲，血緩緩滲出來，我知道他不是故意，而且咬的當下他也馬上放掉，可是還是好痛好痛啊！

　　羅同學帶著震驚的心情，與我跟小米一同到車站，臨走前，我說：「不用擔心，隨時跟我聯絡，真的沒有辦法就帶他回來吧！」如我所料，他到了新家不太吃飯，去了兩天幾乎什麼東西都沒吃，第二晚還吐了，然後撿飼料一樣發生咬人事件，以及尿在人家床單上這些事，到了第三天晚間，我就在車站接他回家了，這傢伙，在車站手提籠裡竟然還對伸手指頭進籠子的我發脾氣，一路上他緊繃著神

經，直到我進客廳，老媽邊忙著手邊的事邊淡然的說：「回來了喔～」破功了，小米馬上開始施展尖銳吼叫功對著老媽，然後一邊被提到樓上去，想必他知道回家了。

　　從那次開始，我心理有數知道這家伙可能難有第二次送養的機會，可是小米是男生呢，從以前歷史紀錄家裡留下來的貓或狗一直是女生，我們也一直覺得男生在家裡留不住呢。住在五樓的他壓根沒法子幫他戴上項圈及牽繩，上次說要拿個可愛的小領巾幫他戴著，想拍出可愛的送養照片，結果就搞的跟在夜市玩套圈圈遊戲一樣，一直到他累了趴下，才總算套上，所以連帶他出門也是難上加難。還小的時候還好些，轉頭咬兩下子就繼續讓你抱著了，但大了真的好困難。

　　記得有一次帶他出門上醫院，那次好不容易半哄半騙上了汽車，到了醫院卻緊張到不肯讓人抱，作勢要咬人兇的很，我請郭醫師開了後車門，小米在車上低著頭怒吼掀牙齒，只好輕輕蓋上兩件冬天外套，緩緩的抱住再將他帶進醫院，裏在厚外套裡的他要小心翼翼的安撫，稍有大動作就像獅子般吼叫，「小米，小米乖，沒事了！」

　　安撫著他，一邊讓助理去拿些放鬆藥物，再將他放在診療台上，剪了指甲（平時可是碰不到的喔！）並帶進後面將他洗了洗乾淨，當然，隨著他的藥效過了，我們加緊速度洗好、吹風，那時想想，到底是在洗狗還是洗老虎？

一切弄好後趁著他還沒清醒到可以咬死我的時候就送回家了，回到家是小米最輕鬆愉快的時候，那是他安全的避風港，吃喝拉撒都在這兒，雖然空間小但還有浴室，兩間房外有一個小小的走道連接著樓梯，他常常在這裡觀看樓下的一舉一動，抗議我們餵 Poly、咪咪吃飯，我們自己房間裡吃東西沒告知他也可能惹惱他，有時他想睡了，就跑到鋼琴底下的專用睡床去睡，剛開始他總是想尿就尿，琴房也是、雜物房也是，只好到處鋪滿報紙。

郭醫師說：

「車禍時應該腦部受創太嚴重，所以他的腦下垂體一直告訴他要喝水，他喝進大量的水，然後再大量排尿，一直重複著這樣的流程！」

「那這樣會不會有問題啊？」我問。

「當然了，這樣他很容易會嚴重離子失調導致得高血鈉症！」

心理想著：「他現在會吃會喝，這個狀況以後會不會對他身體有什麼影響呢？」每天都在悉心教導讓他不在琴房上廁所，說好聽是悉心教導，說難聽我常氣的拿新拖把追他：「小米，要跟你說幾次，不要在這裡尿尿！」

怒髮衝冠、大吼大叫的追他幾步，有時他在雜物房放的淺底盤上廁所就鼓勵他，更有幾次，他學著我們到廁所去尿尿，我高興的摸摸頭，然後誇張的誇獎，再給他點心，

從此，慢慢讓他養成在廁所上小號的好習慣，也讓兩間房隔間的木板不會繼續被他流竄的尿液給弄得爛掉大半去了。

　　每天早上，先將煮熟冰起來的肉泥挖出一大匙，加了些滾燙的熱水，回溫後倒進乾飼料，因為他的身體、皮膚都痊癒，補血劑等就停掉了，加羊油只是因為他愛吃如此而已。中午吃一片土司或一些乾飼料，下午或是平常時段，就吃一點餅乾小零食，偶會喝些牛奶，然後晚餐就跟早上一樣豐盛量也較多。來家裡超過半年，總共洗過三次澡，一次是小時候還乖些、威脅性也較小的時候勉強洗的，另一次就是到醫院的那兩次了。

　　雖然他漸漸信任，也摸的到頭啊、背部，並可用手輕輕的按摩下巴脖子間那層厚厚脂肪，但手力稍大他就會咬人，尾巴、手阿腳的，更可說從沒摸到過。有時他喜歡舉起手來跟我們玩，但是想去握一下就要咬我們的手，這家伙心裡一定很矛盾，既想玩卻又害怕我們越雷池一步，他若情緒失控開始咬人，我們就要叫：「小米，坐下！」嚴格一點，這時他會冷靜下來，緩緩坐下，然後你才能再摸摸他的頭，每天都要這樣天人交戰的大玩心理戰術，累啊！但看他一點一滴的進步，也覺得有莫大成就感。

　　有一次我在琴房找譜，認真挖出一疊已經沾滿灰塵的影印譜，小米在旁邊觀察我的一舉一動，我說：「不幫忙就不要一直在旁邊擠啦！」

　　他看了我又繼續盯著那疊譜，出去洗個手，回來發現他正半蹲在那疊譜上，透明清澈的液體緩緩流洩到一旁，「小米！！」我大喊：「你這可惡的傢伙！」

　　手忙腳亂先將譜斜立起來，然後趕緊拿拖把跟抹布救急，能怪誰？就訓練看到報紙就尿急啦！他一臉無辜像是說：「我尿在報紙上耶！」

　　有時他在雜物間沒對準報紙尿在地上，我就會一邊拖地一邊叨唸，他大概聽的受不了了，再加上只要在廁所如廁，就能得到誇獎後就真的規矩多了，不僅如此，大號小號還會分開，知道大號一定要去報紙上，不錯不錯，算是姊姊我教導有方（得意的點頭中！）

　　每一隻中途的貓狗踏進家裡時，他們得被強迫聽我練習長笛、鋼琴。我好奇他們聽見這個首次聽到的聲音，不曉得是何種感覺呢？小米第一次聽到長笛的聲音，沒有太多不舒服或是吠叫，而且不論我怎麼吵，他總是怡然自得的做自己的事，但聽到鋼琴聲就會出現不耐煩的表情，這個現象好有趣，因為以前即使有別隻中途狗跟著唱歌，也不像小米一般聲嘶力竭，我研究了一番，認為應該是樂器的音頻較大，吹奏或彈奏時耳膜也會跟著震動，小米覺得不舒服，打擾到他的作息所以抗議，而樂聲只要一停止，他也會馬上停止嚎叫。

　　若是聽到我在後門停好摩托車的聲音，應該說是，我

停好摩托車時，住在一樓後門的 happy 就會興奮的狂叫想討吃，聲音傳上五樓，這兩個一唱一和就搞的整間房子嗡嗡作響，還好家裡前面是大馬路，後面是銀行商辦大樓（這我好像前面說過了），不然早就被報警去了吧！丟了牛皮骨給 happy，應該是沿路丟牛皮骨，從住在銀行旁邊的愛吃不吃流浪小黃，然後進家門先遇見的 happy，再來是在二樓咿咿哼著屁股都要搖掉的咖啡，到了四樓房間卸下袋子，再走上五樓看看小米，若在四樓待久點，他就不耐煩的猛發出像是「嚕啦嗚拉！」怪聲，然後：「汪汪汪，汪汪汪汪！」來回重複幾十次，直到你被逼瘋上樓為止，看到我們終於被逼上樓了，他就高興的猛搖尾巴撒嬌，跟著我進雜物房等著我開冰箱拿食物。照例從冰箱拿出冷藏過的肉泥，退冰後攪拌再加上飼料，小米認真享用晚餐，我的耳朵也才得以清靜並且可以下樓做自己的事，想想為什麼一直都沒想過要教他下樓，除了壓根不敢抓他的手引導外，大概也是怕他到了樓下後，萬一咬了那患有糖尿病的老爸，那我想可能真的要跟小米搬到公園去住了。

有一次二姐跟不到兩歲的姪女在我房間瞎混，小米老樣子還是在樓上鬼叫抗議，姪女偶而走過去指著：「啊！啊！」（因為還不會叫小米的名字），幾分鐘後沒聽到狗叫聲，反而是塑膠袋悉縮的聲音，姪女眼睛猛盯著樓上，我一走過去，看見驚嚇不已的小米縮在階梯旁放滿回收購物

用塑膠袋的上面，這次我抱他完全沒有生氣，因為這傢伙大概站得太出去，不小心雙腳一滑就摔下來，還好是掉在這堆厚厚的袋子上，另一次是因為過於興奮原地轉圈圈後，兩隻後腳滑掛在階梯外，嚇得匍匐往上爬回他的安全堡壘，就這兩次，他以後更是小心翼翼了。

　　一個人在五樓的日子應該是太清閒了，姪子姪女偶而上樓去，因為小米過度熱情，又推又叫又啃腳啃手的，導致他們透露出怕狗的表情，可是這個作阿姨的怎麼能讓他們怕狗？所以我通常是笑笑帶過，小朋友看到阿姨覺得狗狗咬咬並不是一件嚴重的事，也跟著一起笑了起來，平時會上樓的還有老媽、二姐。小米喜歡欺負老媽，看到她撿地上髒東西或是靠近他的碗，就會猛吠亂叫，有時就朝著手嗚拉咬了一口，老媽很氣憤，因為到全聯買東西都還會特地買一包孔雀餅乾放在樓梯口，她常說的那句話：「跟前跟後，一直看我手上拿的東西，我就拿餅乾給他吃！」（阿這不是以前我阿嬤會做的事嗎？）

　　但這麼有情有義的阿目卻常跟小米吵架，有次我在琴房練長笛，老媽一邊跟我聊天一邊撿地上小米飛掉的毛，小米又發神經似的往阿目的手上咬去，這傢伙真奇怪，我整理他的床也要咬，用黑晶爐燒開水按著按鍵嘟嘟嘟時，他也要過來管事，更不要提吃飯碰碗了，在他還很小的時候，大家都會跑來跟我「叨」：「這小狗會咬人耶！今天我

弄他掉出碗外的的飯他竟然嚎我（嚎是指邊吼邊咬的台語），然後姊姊也會說：「這隻狗是不是車禍有怎樣啊，很兇耶！」

那次咬了老媽的手，我就責罵他，他轉過來看我時，老媽在後面用手「啪！」的一下拍了屁股，結果那位少爺轉過去跳起來又要咬並大吼抗議，吵輸了的老媽更氣，走到樓梯口要拿收集好的垃圾去丟，在樓梯口那邊跟小米吵架，小米探著頭一直皺著鼻子掀牙齒，對面太太就高八度唸：「還皺鼻子，不要給你吃東西了。還皺！」（老媽通常都用台語），吵輸了就喃喃說要下去拿榔頭來，下去沒幾秒又衝上來，我在旁邊幸災樂禍的說：「去拿榔頭了喔？」

「沒有啦，吵架吵到忘記拿垃圾！」

悻悻然下樓後，小米若無其事轉頭跑回琴房，反正三不五時就要聽大家抱怨指控，有一次二姐在我要出門時，被交代等會兒拿一塊切好的芭樂給阿米，我才踏出門就聽到慘叫一聲，因為趕上課，也來不及去看發生什麼事了，到了晚間我下課回來，二姐臉色鐵青一臉大便坐在客廳，大概重複的話已經講好幾遍，我這一回來她又開始投訴：「沒事叫我拿什麼芭樂給他吃，結果我從他旁邊走過去竟然給我咬！」心想到底是妳咬了他還是他咬了妳？

先不出聲，老姐繼續氣撲撲的說：「送人了啦！這種狗，妳看給我咬成這樣！」舉起腳踝，果然一塊蛋黃酥大小的淤青，我暗自在心裡想：「小米也太狠了吧？」護食也不是

這樣護的，連經過旁邊都不行，這還得了？

　　不過小米對人類的小朋友，或是同類的貓阿狗的，反而都友善許多，照顧小米的前幾個月，老媽陸續帶了兩、三隻母貓回來 TNR，都跟小米同一層，住上兩個禮拜，待傷口痊癒後才讓他們回到原本棲息的環境，另外有一次就撿了一隻兩個月大的幼貓，看起來落魄也有點緊張，這麼小還不適合絕育，所以老媽根本打定了要帶回來讓我拍照貼網送養，她不瞭解網路世界，甚至連滑鼠都不會用！每次都說，貼到網路應該就會有人認養了～

　　太～天～真～了，這位太太，我常在內心大吼，然後跟她說：「妳以為網路都只有我們在送狗送貓喔，有好多好多需要家的小貓小狗，認養人很少，沒有想像那麼好送的。」

　　不過這句話不論說幾次，每次她帶貓回來就還是她女兒我搞得很辛苦。

　　那隻中途的小幼貓叫他小咪，小米很喜歡跑去大籠子看他，我在琴房時，他們兩個可以一起在琴房裡玩，不過沒人在真的不敢嘗試，萬一……對，就是你想的那樣，小咪在不久的幾週後送養出去，小米又回到一個人的生活，Poly 與咪咪都不願上去理睬，偶而家裡的姪子姪女上樓去找我時，就會看看小米，姪子是男生特別調皮，趁我們沒注意時會用腳偷踢或是用玩具丟，這種情形被看到會給一次機會，姪子會緊張的摸著屁股：「我沒有啊！」

「沒有？可以欺負小米嗎？他是弟弟耶。」

然後接著說：「再讓阿姨看到一次就直接打了，聽到沒有？」

果然一會兒我就拿尺去打大腿了，他只得大哭著說：「小米對不起。」

姪子有一次欺負家裡老貓咪咪，叫定姪子：「你剛剛有沒有欺負咪咪？」認真嚴肅的問。

「我，我沒有啊！」姪子又開始準備摸屁股然後音調也怪聲怪調的。

「真的沒有嗎？」這時從樓下傳出一位中年太太高八度大聲的說：「他～有！！」

這下姪子大概想一切都毀了，被阿嬤出賣，我忍著笑讓他哭著跟咪咪說對不起，事情才總算告一段落。

姪女就乖多了，小米有時候跳起來扒著她，都差點將小不龍咚的兩歲女孩推倒，也喜歡熱情的啃手啃腳，姪女會看我的反應，我通常就笑笑的說：「沒關係，小米跟妳玩，不會痛！」然後她就慢慢的點頭說：「對。」

有時他們兩人關在琴房坐在地上，我練長笛，姪女東摸西摸想玩自己身邊的東西，小米則一直繞在人家後面問：「要玩什麼？可以加我嗎？」他認真的跟著小朋友的一舉一動，然後搖著尾巴皺著永遠很擠的額頭。這傢伙很少笑，不論是在認真思索、看吃的、想睡覺、想咬人，總是將額

頭擠成幾個十字形狀，只有在想找人玩時，會將耳朵豎到頭後面，嘴裡發出喃喃的嗚耶聲音，不斷強調有多麼想跟妳遊戲。

　　第一次看到他張嘴呵呵笑，是在他到家中八個多月後，那時天氣轉熱，他的心情也轉為信任放鬆，我高興的拿了相機，對著張嘴露出可愛舌頭的他猛拍了幾十張照片。有一陣子，紅茶郭為了想改善他多喝多尿的狀況，特別給了一些口服抗利尿劑，我一聽可被嚇到了，這個在醫院一顆要賣 100 元，真的假的？

　　一天還要吃兩次，他說：「試一個禮拜看看能否改善？因為長期這樣多喝多尿，除了對身體不好，連壞脾氣都很難控制下來。」

　　他認真的表情，讓我不禁想：「這甲了米不會真的一輩子都要吃這種藥吧？哪有辦法這樣供他？」

　　郭醫師看出了我內心的澎派，於是又接：「就先試一週，如果之後能稍稍改善當然好，如果不能，就看著辦，陸續追蹤他的狀況吧！」

　　報告中指出高血鈉症狀其一特點跟脾氣暴躁有些關聯，所以說，2010 年八月車禍時，小米應該真的撞傷了腦，更具體來說，雖然救了存活，但是腦部受損已經無法彌補，還好這傻小子是狗狗，不用上學唸書不用工作，更不用在意人際關係，吃藥的那週的確在喝水與尿尿間稍作改善，

他喝水真猛，一碗比泡麵碗還大的陶瓷盅，一早上起來可以喝掉半碗以上，不論如何叫他轉移他注意力，他稍候還是馬上轉頭又來喝水，喝完就尿尿去了，尿液永遠清澈透明，脾氣也沒啥改善，還是很沒有耐心很愛生氣，

每天上樓，我會先沿著樓梯抬頭看這每天都要在樓梯出口處張望的狗子，隨著我越靠近他，他高興到從鼻子像恐龍一樣噴氣，嘴裡一定要嘟囔著不能放著閒，手就略微抬高像是想握手的樣子，然後我一定要邊走邊喊：「蹦蹦，蹦蹦來了喔！」邊握著拳頭假裝要揍鼻子的樣子，他很喜歡跟我玩這個遊戲，發出像水牛的聲音，張大著嘴像是要咬我，然後我的手就像拳擊手一樣往他鼻子左右揍去，有一次就揍到他的嘴裡去，大概還撞到了牙齒，小米傻住停了下來，然後開始用匪夷所思的表情伸著舌頭往牙齒探去，應該是有點痛吧，這小子很怕痛的，那次我有點不好意思：「糟糕，小米，這次姊姊對的太準了，你沒事吧？」

平時要下樓時，他也會到樓梯邊目送我，然後我就用頭頂他的鼻子，這他就不會咬了，可能覺得頭的面積很大不好咬吧！除了那次三天就被遣返的送養經驗外，曾經還有個大男生來看過他，因為我不敢抱小米下樓，於是破例請那位同學上五樓來，我邊走邊跟他稍作敘述，他說知道，因為網路送養文也大概形容過，這大男孩從台南縣騎著摩托車來，腳上踏了一雙黑色的皮質夾腳拖，屬於漂泊型的

鄉下男孩，看起來算是好相處的人：「我家裡還有養一隻臘腸，想說後面有院子，可以再養一隻陪他！」

聽起來很不錯哩，我跟他說：「先看看沒關係，今天在崇明路上還有一場小型認養活動，等會兒還可以過去看看喔！」

你看我這大不大方，完全就是將其他狗一視同仁。說著說著，大男生已經走到四樓最後的階梯，結果竟然……比我還怕，他將外套的袖子套住整個手掌，然後緩緩的想要摸小米，一邊說：「乖喔乖喔！」

「汪汪汪，汪汪汪汪！」很尷尬的是小米一點都沒有要請人家去他家作客的樣子，看起來就像在說：「你哪位？敢自己上樓？這我家耶！」

大概還有掀牙齒等威脅動作我沒有注意到吧，同學就用同情又帶有點佩服的表情說道：「妳好偉大啊，要照顧這樣的問題兒童。」一臉尷尬。後來我讓他去另一個送養會看狗去了，看著他彷彿抹了油飛快離去的速度。沒錯，往後再沒人看過他，仍然那樣的住在他王子般的高塔上。

2011 年七月的最後一天，那天早晨的小米不吃飼料，我猜測他想吃些土司吧！因為每次我烤土司、烤麵包都一定不忘烤一小塊給他，放涼再讓他滿足的將土司解決掉，我放下心，出門給週六的學生上課去，黃昏時刻疲累的踏進家門，正準備打開網路電視來看一下最近才開始的韓劇，

（平常是不看的，但有天轉到了冬季戀歌覺得還頗好看，我知道已經開播 10 年，被笑很多次了。）

　　電視打開後，先到樓上看小米，奇怪了，昨天晚上我去夜市買東西回來他還猛力叫到大家頭快爆了，今天怎麼沒點聲音？我將頭探了上去，只見昏暗中出現了一只耳朵，上了樓，看見他就窩在浴室門口有氣無力的：「小米，不對喔，姊姊從沒看過你這樣子！」

　　我見狀有點嚇到，然後地上全部都是吐的拉的，有些還牽著血絲，老媽更說她已經擦過一回了，好吧好吧，我趕緊去紅茶郭上班的動物醫院報到，然後請還在看診的他準備好可能需要的圍片、口罩等等，跟我一起到家裡帶小米，小米雖然早已無力，卻還是認真的讓我們追著跑，堅持不戴上圍片，郭醫師說：「他都沒有力氣了，真的不對！」我們終於將他逼到牆角戴上圍片，抱著趕緊往樓下衝去，開著小綠，小米冷靜的給抱著，反常的非常乖巧，到了醫院天色快暗了，給小米抽了血準備驗指數，我開始在旁邊臆測：「他平常很愛亂啃我鋼琴的地毯，有時吃進去又像貓一樣吐出毛球來，也愛啃塑膠袋，八成是腸道阻塞了。」紅茶郭查了醫療紀錄：「只有打過一劑預防針嗎？」指著電腦上的病理記錄，我說：「不可能，他的簿子上清楚的有三劑的紀錄，而且送出去前我怎麼可能不打完？」

　　他自顧自的說：「也不可能是犬瘟或腸炎吧？」後來這

些檢查出爐將此可能性排除，說時遲那時快，突然一陣血流從小米的屁股流洩出來，然後當我將他從診療台抱到旁邊時，一旁小白的主人大喊：「又流了，阿糟糕，這下不好了！」沒注意到我的腳下又是近一個馬克杯流出來的血，另外兩個客人也看傻了，郭醫師馬上說：「進手術室，抱歉，今天先暫停看診。」

預備看診的人有的先離去，有的只是需要點個藥，就請助理接手。

而我趕忙將體重已達 15 公斤的小米抱進小小的手術室，快速給他氣體麻醉，郭醫師將他的肚子中間用手術刀劃開一道，並很認真的開始檢查他的每一節腸道，以及所有可能發炎的臟器，就這麼一截一截的檢查，而我則在一旁擔任打開輸液沖洗腸道的技術人員，他一邊檢查一邊說：「妳看，他腸道整個都是出血的，胰臟也呈現潮紅。」

歷時了一個多小時，檢查完了所有腸道，確定並非阻塞，於是小心翼翼的縫合起來，然後他順口說：「幫小米剃個毛吧！平常這麼會掉毛又沒法子洗澡，剃乾淨再給他擦一擦身體好了。」

於是我與助理一起將麻醉未醒的小米認認真真的剃了個精光，腳下還留了四支可愛的小襪子，這時候眼尖的醫師竟發現他身上小小一點一點的東西，他說：「妳過來看！是壁蝨寶寶。」我不敢相信的捉起一隻往桌上一按，真的

是！怎麼會，小米都住在五樓也不曾離開，住在一樓的咖啡、happy、小黃他們也沒這樣啊！

因為沒法子洗澡沒法子看看身體，我竟一點都沒查覺他身上被壁蝨下了數量頗大的壁蝨蛋，真是太疏忽了！

自夜間七點多開始的手術，終於到了打烊的時刻，小米還沒有醒過來，11 點，實在太晚，郭醫師先請助理們回家，我們兩則繼續顧著小米，觀察他的狀況，凌晨時刻，他漸漸醒過來，凌晨兩點多，稍微可以坐起身，然後從手術室往外看看我們，這中間，我去 7-11 買了杯咖啡、紅茶還有御飯團，坐在診療台旁的沙發座椅，我們談論著是讓小米住院還是帶回家顧，「帶回家好了，不然在這裡大家都要忙各自的事，也無法專心注意！」

郭醫師提議著，我接話：

「但你明天，不，應該說今天，不是要去嘉義上獸醫研討會的課嗎？」

「看看好了，看小米的狀況再決定。」

再過了約莫兩小時，小米清醒了，我們替他上了點滴，整理好他所有用藥，帶著他的保溫墊，點滴機器，準備打道回府，這時候樓上房東先生剛好下樓準備一清早的爬山之行，一驚：「甲早？咱暝籠沒轉去？」（這麼早，還是昨天都沒回去？）

打卡鐘上的時間正巧凌晨五點整，房東老太太塞了兩

個熱包子給我們，然後道了再見。開著小綠，三個人眼神迷濛，我提著大包小包的東西，紅茶郭抱著小米，爬上了令人氣喘吁吁的四樓，先讓小米待在我房間，不過，隨著他更清醒後，就開始進行弄掉圍片、想咬點滴這些正常狗都會做的事了，在半昏睡狀態下，我跟紅茶郭抬著小米上五樓，才一會兒這家伙又把眼前弄得一團糟，他在浴室想找大量的水喝，偏偏現在不能喝水，因為那些藥通通又要被流失掉，只能靠著打點滴來控制身體的水分。

行屍走肉的兩人決定再把小米抬回醫院，住醫院果然安分多了，然後嘉義研討會也甭去了，再從醫院離開又是中午時刻，紅茶郭覺得在家裡照顧全面化又實在，但我覺得狗狗在醫院會比較乖，因為畢竟是陌生的環境，比較不會有非分之想。

小米生病的幾天，被搞的天昏地暗，一天要到醫院看他幾次，然後得要每天去給他打藥驗血、觀察他身體指數變化。自從發現他應該是壁蝨導致的落磯山紅斑熱以後，（一種血液寄生蟲的疾病，這種病症會讓全身出現紅斑，並且腸道出血，之後更會有神經症狀出現）說實在的，紅茶郭不論說明幾次，我都還是沒能全面聽懂，還好我不是當醫生的，不然反應這麼慢怎麼得了？

這種病症是可以治癒的，但小米的身體根本留不住給他打的藥，藥剛下去身體，20 分鐘後你就看見那黃色的藥

又從尿管流出。幾天後，小米出現神經症狀，那是我面對他的病第一次哭了，他就像是犬瘟一樣不自主的抖動，無論我怎麼叫他似乎都無法聽見，老媽說：「這樣一直抖！他是不是很不舒服？」甚至叫我帶著唸佛機去放在籠子旁，我摸著小米，眼淚掉個沒停，「小米，雖然平常姊姊對你有點壞，可是我們都希望你快點好起來，這樣好了，我不會再上網幫你找主人，以後，萬一你哥哥開了動物醫院，就讓你當店狗好不好？」我抹著眼淚繼續說：「你一定要快點好起來，好日子才過了一年，我們好不容易把你救起來，你不好容易從一年前的生死交關走了一回啊！」

「小米！」我輕聲的叫著他。

紅茶郭打聽有沒有注射用的抗利尿劑，那天我聽見他在電話說：「這樣喔，那你們營業到幾點，我們馬上趕過去！」就這樣帶著一絲希望，趕往那間老藥局，買了 30 顆藥，這樣大概可以撐 15 天，就在我們買到藥的同時，小米的狀況又急遽下降，他開始呼吸不順，將他抱出來吸氧氣有好一點，真的有好一點，但是看到動物已經出現呼吸困難時，通常就會有一種不祥的感覺。我又淡淡、小聲的跟小米說：「如果你能好，就撐下去，姊姊以後會照顧你一輩子，如果真的撐不下去了，要安心好好的走，要記得這一年，有多少人對你好，你很幸福囉！」忍著眼淚，不想把傷心給堅持要救他的郭醫師看見。

　　那晚我們讓他回家，將五樓琴房地板鋪好，開了冷氣，老媽跟二姐也上來看他，小米像失去意識一樣的躺著，大家談了談小米的狀況，我手邊正記錄從明天開始要如何灌食，下了樓，才過了5分鐘又跟郭醫師上樓看他，我們急切繼續討論著明天要不要再帶他回醫院，也許小米感受到我們的疲累，沒一會兒，看見他動了一下尾巴，我說：「你看，小米動了尾巴！有看到嗎？」

　　這話才剛說一分鐘，我再度看著小米：「小米，好像沒呼吸了！」郭醫師拿了聽診器確認心臟與口鼻：「小米真的走了！」

　　那是凌晨一點多鐘。在經過了一週的病魔纏身，小米選擇回家後離去，也許他覺得回到了自己安全的避風港，這裡有我，有氣他卻又對他好的家人，有他熟悉的一切一切，摸著小米的頭，眼淚往小米身上滴，我們跟小米說了好多好多話……

　　不會有人咬拖鞋了；一直冰在小冰箱的肉泥、肉酥、羊油，過不久會拿到樓下給咖啡他們吃，少了一個人幫我喝牛奶，回家時不會有伸長脖子然後鬼吼鬼叫的猴子，練長笛時旁邊不會有人一直擠來擠去，然後將我開了冷氣的門又推開不關，廁所不用常常清洗，房間小米的毛會越來越少，終於有一天我會因為發現一根小米身上的毛而又想起他來，這裡異常的安靜，而且，我怎麼叫小米都不再有

回應。

　　火化後的小米回到我家，日子久了記憶會模糊，希望我們彼此思念，也願關心他的朋友們能夠記得小米。(於救援隔年的 7 月 22 日過世)

第八章：小奇

　　期待著明年會更好更順利，2009 年，我人生的重要考試終於通過，強媽則是覺得一直很帶賽（屎）中；這半年多，為了專心準備學校的術科會考，盡量不接中途狗狗貓貓們回家，特別是去年的臘腸小 Neo 送養以及波波當天使後……

　　強媽住在台南新化，沒有注意流浪動物生態的朋友很難理解，為什麼我們常開玩笑叫強媽搬離那裡，這是不太可能的事啦！總不能拋家棄母？（編按，強媽的母親於 2023 年 10 月過世）舉例來說，她鄰居對家裡的狗照三餐打，但因為是鄰居，聽了心痛還是氣憤，都得忍下來，她希望以後能夠告訴鄰居：「把狗賣給我吧！」

　　荒山遍野的鄉間流浪狗早就填滿了，雖填滿了，但過不久會換，他們可能被毒害，遭遇車禍，有機會中捕獸夾，會被驅趕……許多沒有照顧動物的觀念，能夠遇見為家犬結紮打預防針的指頭數得出！她看了那些飢寒交迫、骨瘦如柴，看見食物不顧一切往前衝的狗兒們，能做的是分一些乾飼料，餵了今天擔心他們明天有沒有下一餐？自掏腰

包花時間金錢餵狗不打緊，總還有人會飄出來叫妳帶回家養……要不就是，準備抓走帶去 TNR 時，附近會冒出聲音說：「帶走就不要帶回來了」。

「明天就要叫人家來抓了，不要放回來了」

狗一定不能在別人家門前，不曉得是髒了還是吵了，反正就是一直被嫌礙眼！於是乎，要救的狗沒有少，可是幫忙的人幾乎沒半個！

今年，強媽的 TNR 計畫，仍舊這樣的被阻礙著，她算很樂觀了，只會打著笑容說自己帶賽。那天她打電話來說，餵了一陣子的虎斑母犬要抓去結紮，動作正在進行的時候，前方廟宇的人員出來：「賣擱抓返來阿」（不要再抓回來放了）

繼續說道：「要叫環保局來抓了啦！都會追車，沒法度！」那人雙手一攤，他意思是，雖自己也有養他們可是沒辦法了。

強媽：「那好，母狗我帶走，可是 4 隻小狗可不可以不要請人來抓？他們適齡的時候我會帶她們去結紮，不要抓他們好嗎？」這樣央求著，母狗真的去紮了，她能去哪兒？

因為動物醫院的認養籠空了，熱心助狗的強媽與院長商議，讓一隻狗媽與一隻狗孩子一起來市區找幸福。

很快，又接到那個熟悉的聲音：「我剛在路上看到一隻小型犬，不曉得什麼狗，路上亂跑好危險，只好抓著他到

附近店家以及動物醫院詢問，結果，都沒找到主人啦！」聽完，我忍著剛吃完大餐的肚子痛：「妳打算？」「就先帶去醫院再掃一次晶片，然後讓他暫住在那裡。」月底了，這位小姐，妳不是沒錢？我心想。

唉！能做什麼來幫幫他們呢？

翌日我們兩個相約，在我家斜對面的公園來個外拍，她摩托車停好，牽下一隻黑灰色大約 5 公斤左右，長的像西施、又像約克夏活潑好動的小朋友，這種狗一點也不怕生，不斷的在我們兩個之間跳上跳下，走到公園，強媽：「妳看，牽小型狗多優雅？」（話還真不能太早說，14 年後你沒料到還要帶小型犬吧！）

「對啊，真的不像牽著大型狗那般狼狽！」那時我心裡想：「以前總要要牽超過三、四隻，很像在拉雪橇，沒牽到的浪犬喜歡跟隊伍還會衝到馬路口先嚇死我，然後再對著路狗亂叫。」我就是那種會在馬路等紅燈時扯著嗓子罵的，怕丟臉就等到了公園再抓屁股來揍。

太陽炙熱，已經下午 5：30 卻還是高溫不下，走到公園起點，我們討論要往哪一個方向走？「前面那邊看起來不錯，去那裡好了」強媽說。「我覺得右前方那邊有草皮的比較好耶……」我接話。

於是，我們向右前方走著走著，有一條鋪著吸水磚的人行步道，旁邊隔著馬路的邊緣還有一整排的矮樹叢，相

機登登打開亂拍，兩人忙著出怪聲吸引這小傢伙時，左耳傳此時來：「喵、喵、喵」……幻聽，應該是幻聽；「喵、喵、喵」，「強媽，妳聽」她停下亂拍中的相機：「不會吧～」

「妳帶賽啦！我以後不跟妳出來了！」

「是妳帶賽耶，妳剛一直說要來這裡拍的。」

哪裡不選，公園也不小，就選在貓咪的隔壁，躲在矮樹叢視角的他一定覺得這三位很怪吧！

於是，我拉著狗，強媽就去撈貓了，「但願只有一隻啊！」「ㄟ，不要跑啊，是隻黑貓耶！」

她一邊撈一邊實況轉播；沒有幾分鐘，撈出一隻驚魂未定，身上還流了點血的小黑貓，我們兩個繼續拍狗，然後說：「還好不是撿到狗？」

算是某程度樂觀；小貓咪也倒還合作，給抱得好好的沒有一直掙扎，外拍三人組吵吵鬧鬧後變成了四人組～

回到家後巷，這隻剛取好名的小型狗嘟嘟忙著跟姪子玩，然後小貓咪一直鑽在我的手臂叫，強媽跟我老母聊著剛剛發生的事。

小黑喵取名叫奇異果二世，因為兩年前的此時，孫媽媽撿了一隻小黑喵弟弟，跟現在這隻貓一樣大，今天還在唸著送出去一年多的胖奇異果很久沒見到了，結果，這隻小黑喵就出現了，是天意，應該是天意……

其實結論是：「沒事最好不要常去公園！」

黑貓送養不容易，台灣人對於黑貓較容易有「不吉祥」之感，小奇親人，總是擠在被窩裡，送養都沒有成功，跟Poly 非常要好，兩貓常常互舔，Poly 對其他中途犬貓，很少這麼熱情。

我一直猜想，他們可以偵測出身體狀況是否生病中？因為很快發現小奇得了貓傳染性腹膜炎，一旦得了此病，在十幾年前動物醫學裡，99%會死亡。小奇也不例外，離開後還在等火化業者時，先裝箱藏在頂樓，沒想到還是被Poly 找到，她拼命的挖著箱子，知道小奇在裡面……

此後，舔頭的行為，也只有對家裡的老犬凱麗了，似乎再也沒有一隻貓跟她如此交好，即使後來收養的成貓朵朵，也只有朵朵去舔 Poly 的份喔～

黑貓其實很可愛，否則宮崎駿怎會當作魔女宅即便的靈魂素材呢？有機會認養貓咪，記得多看黑貓一眼喔！

第九章：阿嗚與棒棒

　　書籍本來是沒有寫棒棒的，因為車禍意外常常在我腦海中盤旋。混狐狸白犬長毛女孩，與自己一窩孩子一起被遺棄在公園，兩白一黑。

　　孫媽媽剛開始先到公園餵食，但看著狐狸犬女孩認真守護小孩的真誠臉龐，加上當時公園離馬路很近危險度高，一家子討論後，決定把她們全家帶回，捧著小狗，狗媽媽亦步亦趨，就這樣開始了家庭生活。

　　狗小孩救援時，已經不見一隻黑色小犬，帶回兩隻白色幼犬，可愛的外表陸續找到家。

　　棒棒聰明狗腿，唯一的壞處，就是若不慎溜出家門，就怎麼樣都叫不回來。

　　有一次寒流中跑出遍尋不著，也沒有聽到他路上讓人精神崩潰的尖銳叫聲，隔了一日夜晚繼續再次尋找，竟然就在附近工地裡找到（現在這建案叫都市森林）算是當時的豪宅。不過，當時雖是豪宅兩千萬可以搞定，依目前房價已經是超過一倍的價值了。

　　原來被關在週末沒有施工的工地裡，還好沒有冷死，

回來後趕緊安撫給了宵夜，然後睡夢中竟然陣陣哀嚎，可見嚇的不輕。

她與咖啡多年不合，不同的是，咖啡絕不會叫不回來，棒棒卻是只要有機會就開溜，叫到凌晨真的累了，才能手到擒來。每次一顆心要揪著好幾小時，聽著遠處傳到家中的回音，要擔心她嚇著了人？或是會不會遇上危險？逮捕歸案總是超過凌晨 12 點。

這種偷溜的戲碼一年遇上幾次就夠受了。而那一天，也是偷溜後，我們溜狗隊伍已出發，就在路口轉角處，也不知為何，她出現了，在遠處看著我們的她被轉彎的車給壓到，我趕緊開車載著姐姐與她，到了醫院，醫生說沒呼吸了……

阿嗚是黃金金吉拉，是家裡十幾年來唯一養過的「名種」貓，剛搬到小透天不久，一隻戴著鈴鐺的幼貓晃到了騎樓，我們發現肚子餓的小傢伙，趕緊先到樓上拿了一些魚酥飯下樓，由於太可愛很快收編，姐姐帶到高雄學校的宿舍照顧，大約過了一年多才帶回台南家。

跟早已增加不少狗數貓數的家庭一起生活，生性乖巧可愛但有一種高貴的距離感。會對一直瞧著她看的犬貓揮出無敵霹靂貓手，動作之快，總讓狗群傻眼甩頭立刻離開現場。最喜歡味全鮮奶，當時紅白紙盒的鮮奶是她唯一會到冰箱敲門等待的品牌，抓門、喵叫、等在冰箱旁。他牌

就不太理會，不過，現在這個盒子的包裝已經停賣了。

　　金吉拉高貴穩重的個性，還有美麗吸睛的外表，總是擄獲許多人的心。阿嗚活到 16 歲，當時紅茶郭在夜半趕緊帶著我與阿嗚前往醫院，他才轉眼去跟院長拿鑰匙，懷裡的貓就在我身上離去，非常的柔軟、平和。這也是一個平凡溫暖 16 年的故事。

國家圖書館出版品預行編目資料

Jennifer 與她們家的貓貓狗狗／孫晨甄 著. –
初版.– 臺中市：白象文化事業有限公司，
2024.04
　　面；　公分
ISBN 978-626-364-259-1（平裝）

1.CST: 動物保育　2.CST: 文集
548.38　　　　　　　　　　　113001360

Jennifer與她們家的貓貓狗狗

作　　　者　孫晨甄
校　　　對　孫晨甄
封面插畫　三秋
發 行 人　張輝潭
出版發行　白象文化事業有限公司
　　　　　　412台中市大里區科技路1號8樓之2（台中軟體園區）
　　　　　　出版專線：（04）2496-5995　　傳眞：（04）2496-9901
　　　　　　401台中市東區和平街228巷44號（經銷部）
　　　　　　購書專線：（04）2220-8589　　傳眞：（04）2220-8505
專案主編　李婕
出版編印　林榮威、陳逸儒、黃麗穎、水邊、陳媁婷、李婕、林金郎
設計創意　張禮南、何佳誼
經紀企劃　張輝潭、徐錦淳、林尉儒
經銷推廣　李莉吟、莊博亞、劉育姍、林政泓
行銷宣傳　黃姿虹、沈若瑜
營運管理　曾千熏、羅禎琳
印　　　刷　百通科技股份有限公司
初版一刷　2024 年 4 月
定　　　價　250 元